健康文化建设书系

张 寅◎编著

关注视力健康

GUAN ZHU SHI LI JIAN KANG

西安电子科技大学出版社

图书在版编目 (CIP) 数据

关注视力健康 / 张寅编著 . — 西安 : 西安电子科
技大学出版社 , 2013.1

ISBN 978-7-5606-3027-4

Ⅰ . ①关… Ⅱ . ①张… Ⅲ . ①视力保护－基本知识
Ⅳ . ① R770.1

中国版本图书馆 CIP 数据核字 (2013) 第 028186 号

关注视力健康

张 寅 编著

责任编辑：王 斌
出版发行：西安电子科技大学出版社（西安市太白南路 2 号）
电　　话：（029）88242885 88201467　　邮　　编：710071
网　　址：//www.xduph.com　　电子邮箱：xdupfxb001@163.com
经　　销：新华书店
印刷单位：北京兴星伟业印刷有限公司
版　　次：2013 年 4 月第 1 版　2013 年 4 月第 1 次印刷
开　　本：710 毫米 ×1000 毫米　1/16　印　张 12
字　　数：180 千字
印　　数：1 ～ 5000 册
定　　价：23.80 元
ISBN 978-7-5606-3027-4
XDUP 3319001-1
***** 如有印装问题可调换 *****

目 录

第一章 眼睛的常识

一、眼睛的特点与结构 ………………………………… 1

二、视觉是如何产生的 ………………………………… 6

三、为何眼疾患者数量越来越多 ……………………… 9

第二章 日常眼睛保健常识

一、常做眼保健操的益处 ……………………………… 12

二、正确使用眼药 ……………………………………… 16

三、食疗与眼部保健 …………………………………… 22

第三章 保护眼睛,远离近视

一、什么是近视 ………………………………………… 27

二、近视的成因 ………………………………………… 31

三、近视患者的临床特征有哪些 ……………………… 34

四、近视的预防措施有哪些 …………………………… 36

五、近视患者可采取哪些措施保护视力 ……………… 52

六、近视患者应当怎样选配近视镜 …………………… 58

七、隐形眼镜的特点及选配注意事项 ………………… 66

第四章　常见眼部疾病及治疗

一、弱视 ································· 78

二、散光 ································· 89

三、斜视 ································· 94

四、沙眼 ································· 96

五、慢性结膜炎 ························· 100

六、白内障 ····························· 104

七、青光眼综合症 ······················· 109

八、老花眼 ····························· 116

九、夜盲症 ····························· 123

十、麦粒肿 ····························· 127

十一、角膜炎 ··························· 130

十二、角结膜干燥症 ····················· 134

十三、红眼病 ··························· 141

十四、飞蚊症 ··························· 147

十五、葡萄膜炎 ························· 155

十六、视网膜脱离 ······················· 160

附　录

附录一　眼保健操图示 ··················· 164

附录二　视力表(于 5m 处测量) ············· 166

附录三　各类食物营养成分表 ··············· 167

附录四　维生素功能表 ··················· 177

附录五　国家标准配装眼镜 GB 13511－1999 ····· 181

第 一 章

眼睛的常识

一、眼睛的特点与结构

眼睛是人和动物的视觉器官，视觉器官包括眼球、视路、眼附属器三部分。眼睛在最前哨，负责接收视觉信息，并将其转化为"生物电流"，再由视路向视中枢传递，最后经大脑综合处理成像。

一、眼球

眼球是一个前方略凸的近似球形体，成熟的眼球前后径（即角膜至球后视网膜）约为24mm，儿童眼球各径均小于成年人，6岁以前横径大于前后径。前后径的形状对视力具有重要意义。眼球由眼球壁、眼内容物组成。眼球壁如同照相机外壳，有保持眼球外形和眼内容物并形成暗箱的作用。

（一）眼球壁：分为外层、中层、内层

1. 外层：分为角膜、巩膜两部分

（1）角膜：在角膜前方眼球中央，占外层的1/6，从前方看呈圆形或椭圆形，是略向前突的凸透镜，无色透明，无血管，纤维排列整齐。像钟表的玻璃表面似的和巩膜相衔接，完整而牢固，厚度中间为（0.6~0.8）

mm，周边较厚约为1mm。

营养：由泪液、房水、角膜缘周边血管网提供营养。代谢所需要的营养80%来自空气，15%来自角膜缘血管网，5%来自房水。角膜神经丰富，知觉特别敏感。

主要功能：通过并屈折光线，是屈光系统的重要组成部分。

（2）巩膜：质地坚韧、不透明，呈瓷白色，占外层后部的5/6，厚度为（0.5～1）mm，由纤维组织组成。前面与角膜，后面与视神经外鞘相衔接，主要功能是维持眼球形状和保护眼内容物。

2. 中层：又称为葡萄膜、血管膜和色素膜，分为虹膜、睫状体、脉络膜三部分

（1）虹膜：为中层的最前部分，位于晶状体前面，角膜后面，中央有一平均直径约为3mm的圆孔称为瞳孔。

瞳孔的功能：是物像和光线进入眼球的通道，并能调节进入眼内光线的多少，保证能在视网膜上清晰成像，又能保证眼内组织不受损伤。

（2）睫状体：前与虹膜根部相连，向后移行于脉络膜，外面与巩膜紧贴，其矢状切面为三角形，内面与像无数丝线一样的晶状体悬韧带环绕于晶状体赤道部一周，与晶状体相连，共同完成人眼的调节功能。睫状体内侧表面有70～80个纵行放射状突起称为睫状突，睫状突有分泌房水和调节眼内压力的作用。

（3）脉络膜：在睫状体的后方，前至睫状肌锯齿缘，后止于视盘，紧贴巩膜内面，包绕眼球后部。含有丰富的血管，其丰富的血液循环营养视网膜外层。含有丰富的色素细胞以阻止透过巩膜的光线进入眼内，有遮光并形成"暗箱"的作用。

3. 内层：视网膜，紧贴在脉络膜内面，前起睫状体的锯齿缘，后止于视乳头。它是一层像玻璃纸样薄而透明的神经组织膜，位于脉络膜和玻璃体之间。具有感光和传导作用：

（1）营养：由视网膜中央动脉、静脉供应内层，脉络膜血管供应外层。

（2）视乳头：又称视盘，其位置在眼球后部偏鼻侧约 3mm 处，为视网膜的神经纤维集中穿出眼球的部位。视乳头因仅有神经纤维，无感光细胞，故无视觉，为一盲区，在视野中形成生理盲点。在视乳头的外侧，相距约为（3~4）mm，有一个颜色略深，内有叶黄素，面积约为 4mm²，直径约为（1.5~3）mm 的视网膜区域称为黄斑区；中心区有一个小凹称为中心凹，是视力最敏锐处。

（3）黄斑部：有两种感光细胞：一种是锥细胞分布于中心凹，其功能在亮处感觉最敏锐，有辨别物体的形态和色泽的能力，专管白天和强光下的精细视觉，因此称为明视觉。另一种是杆细胞，主要分布在黄斑中心凹的周边部，其功能在暗处感觉最敏锐，但不能辨色，担负着弱光下或夜间视觉，因此称为暗视觉。以上两种视觉的结构和功能即是眼睛的感觉系统。

（二）眼内容物：分为房水、晶状体、玻璃体三部分

（1）房水：由睫状体的睫状突分泌，先进入后房，经过瞳孔进入前房，再经过前房角回流进入血液循环。房水是无色透明的淋巴液，主要功能为营养角膜、晶状体和玻璃体，即是屈光系统的"营养液"。房水还可以清除上述组织代谢产物，维持正常眼压，具有屈光作用。

（2）晶状体：位于虹膜及瞳孔之后，玻璃体之前的蝶状凹内，周边借晶状体悬韧带与睫状体联系以固定其位置，无血管和神经组织。晶状体是一个弹性双凸的透明体，在人的一生中，晶状体的纤维不断形成，但旧纤维并不脱落，而被挤压于中央部，像一个扁形洋葱头状。晶状体若因疾病或创伤而变浑浊，称为白内障。随年龄增长，晶状体核增大，变硬，囊的弹性减弱，调节力降低出现老视。

营养：来自房水和玻璃体。

主要功能：通过并屈折光线和睫状体共同完成人眼的屈光调节作用，同时吸收紫外线，保护视网膜。

（3）玻璃体：是透明的凝胶状体，充满于晶状体后面的玻璃体腔内，占眼内腔的4/5，无再生能力。

营养：来自脉络膜和房水。

主要功能：具有屈光、支撑视网膜内面、维持眼内压、确保眼球固有形态和软硬度的作用。若脱失或液化时，易导致视网膜脱离。

二、视路

景物在视网膜上成像，视网膜上的神经细胞在受到光刺激后，产生神经冲动，通过神经系统传至大脑中的视觉中枢，这种视觉信息的传导径路称为视路。它从视网膜神经纤维层起，至大脑枕叶皮质纹状区的视觉中枢为止，包括视网膜、视神经、视交叉、视束、外侧膝状体、视放射和枕叶皮质视中枢。

（一）视神经

视神经是由视网膜神经节细胞发生的神经纤维汇集而成。起于视乳头，止于视交叉，全长约为50mm，分为视路眼内段、眶内段、管内段和颅内段。

眼内段：位于眼球内的部分，即自视乳头开始至视神经纤维成束穿过巩膜筛板部分。长约为1mm，此段神经无髓鞘，自此起即有髓鞘包绕。

眶内段：长约为30mm，呈S形弯曲，有利于眼球的自由转动。

管内段：位于骨性视神经管内，长约为（6～10）mm，该段视神经与骨膜紧密结合，故骨管外伤时最易挫伤视神经。

颅内段：自骨性视神经管出口处至视交叉前角止，长约为10mm。包绕视神经的髓鞘可分为3层，由外至内为硬膜、蛛网膜及软膜。硬膜与蛛网膜之间的空隙，称硬膜下腔；蛛网膜与软膜之间的空隙，称蛛网膜下腔。均与脑之同名腔相通，向前终止于眼球而形成盲管，腔内充满着脑脊液，所以当颅内压增高时，常见视乳头水肿。眼眶深部组织的感染，也能沿视神经周围的脑膜间隙扩散至颅内。视神经髓鞘上富有感觉神经纤维，故当炎症侵入眼球后常有疼痛感。

（二）视交叉

视交叉位于颅内蝶鞍处，双眼视神经纤维在此处进行部分性交叉，即双眼视网膜鼻侧的纤维交叉至对侧。当邻近组织病变影响视交叉部位时，可出现视野缺损，最常见的是颞侧偏盲。

（三）视束

视束自视交叉至大脑外侧膝状体节细胞止。因视神经纤维已进行了部分交叉，故每一视束包括同侧的颞侧纤维与对侧的鼻侧纤维。因此，当一侧视束有病变时，可出现同侧偏盲。

（四）外侧膝状体

外侧膝状体位于大脑脚外侧，它收容大部分由视束而来的纤维，发出视放射纤维，为视分析器的低级视中枢。

（五）视放射

视放射为外侧膝状体发出的视觉纤维向上下作扇形散开所形成。视中枢位于大脑枕叶皮质纹状区，全部视放射均终止于纹状区，为人类视觉的最高中枢。由于视觉纤维在视路各段排列不同，所以在神经系统某部分发生病变或损害时对视觉纤维损害各异，表现为特殊的视野异常。对中枢神经系统病变的定位诊断具有重要的意义。

三、眼附属器

（1）眼眶：功能是容纳、缓冲和保护眼球，使它不受震荡，能抵挡外来力量对眼球的打击。

（2）睫毛：睫毛的平均寿命为 3~5 个月，不断成长不断脱落。功能是防止异物入眼。

（3）眼睑：就是通常所说的眼皮，分为上、下两部分，即上眼睑、下眼睑。主要功能是保护眼球，通过经常瞬目使泪液湿润眼球表面，保持角膜光泽，并可清洁结膜内灰尘及细菌，还有帮助泪液排入鼻腔的作用。

（4）结膜：按其所在的位置可分为睑结膜和球结膜，在眼睑内面的称为睑结膜，在眼球前面巩膜表面的称为球结膜，在这两部分相交界处的称为穹窿结膜。其功能是：能分泌黏液以保护眼球及表面的润滑，而穹窿结膜结构松弛，便于眼球向左右上下自由转动，其副泪腺可少量分泌泪液。

（5）泪器：由泪腺和副泪腺共同分泌泪液，不断地产生，不断地更新，不断地通过泪道排入下鼻道。泪液的功能有：①防止眼球干燥；②冲出异物，是眼内清洁工；③能提高角膜光学功能：一是能形成泪膜，以使角膜平滑明亮而有光泽，二是能填补那些在显微镜下才可以看出的不平整的角膜表面，从而减少散光；④有一定的抗菌作用：含有溶菌霉、溶菌素、补体系统和免疫球蛋白，有抑菌、杀菌、清除寄生物和提高抵抗力的作用；⑤有消除情感压抑的特殊功能；⑥能给角膜、结膜补充营养。

（6）眼外肌：分为内直肌、外直肌、上直肌、下直肌、上斜肌、下斜肌。主要功能是在中枢神经的支配下，使眼球围绕着眼球的中心随意做上、下、内、外、内旋和外旋转动，保障人们可以机智地环顾周围环境，双眼灵活而默契地配合转动。如果肌肉或神经或中枢发生问题，支配失灵，就会引起肌肉转动或配合的不协调，就会出现复视、斜视现象。

二、视觉是如何产生的

我们知道，每个人都有一双眼睛，每个人都在使用这双眼睛。然而眼睛是怎样看见东西的？生理学告诉我们，人的视觉是由眼、视神经和视觉中枢的共同活动完成的。眼是视觉的外周器官，是以光波为适宜刺激的特殊感官。外界物体发出的光，透过眼的透明组织发生折射，在眼底视网膜上形成图像；视网膜受光的刺激后，在视细胞内引起一系列物理、化学变化，并产生一个电位变化，这个电位变化称为感受器电位。经过双极细胞等的传递，可使神经节细胞产生脉冲信号，并把光能转变成神经冲动，再通过神经系统传至大脑，再根据人的经验、记忆、分析、判断、识别等极为复杂的过程而构成视觉，在大脑中形成物体的形状、颜色等概念。人的眼睛不仅可以区分物体的形状、明暗及颜色，而且在视觉分析器与运动分析器（眼肌活动等）的协调作用下，产生更多的视觉功能，同时各功能在时间上与空间上相互影响，互为补充，使视觉更精美、完善。

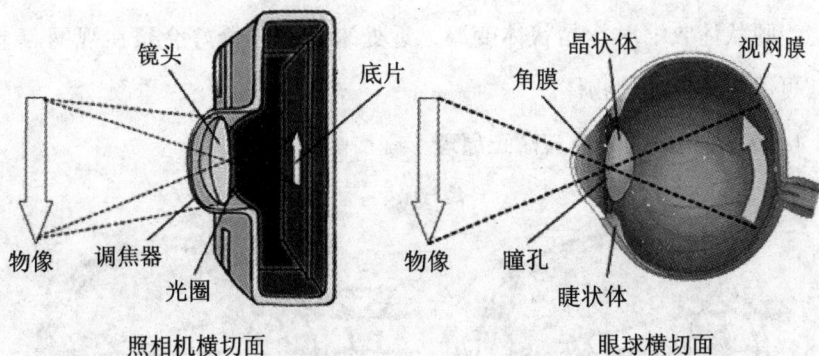

照相机横切面   眼球横切面

视觉的形成过程大致为：光线→角膜→瞳孔→晶状体（折射光线）→玻璃体（固定眼球）→视网膜（形成物像）→视神经（传导视觉信息）→大脑视觉中枢（形成视觉）。

（一）正常眼成像原理

正视眼

晶状体

角膜

视网膜

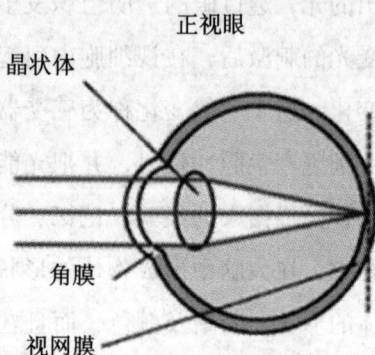

人眼能看清远近物体主要是靠晶状体的调节作用。当睫状体放松时，晶状体变薄，远处来的光线恰好会聚在视网膜上，眼球可以看清远处的物体。当睫状体收缩时，晶状体变厚，近处来的光线恰好会聚在视网膜上，眼球可以看清近处的物体。

（二）近视眼的成像与矫正原理

近视眼

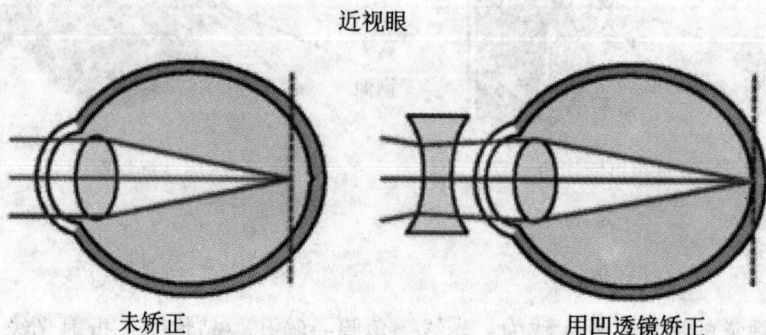

未矫正   用凹透镜矫正

近视眼看不清远处的景物，是因为经过调节晶状体的厚薄后，远处物体的像仍落在视网膜的前方；配戴用凹透镜做成的近视眼镜，适当地将光发散，这样就可以看清远处的景物。

（三）远视眼的成像和矫正原理

远视眼看不清近处的物体，是因为经过调节晶状体的厚薄后，近处物

远视眼

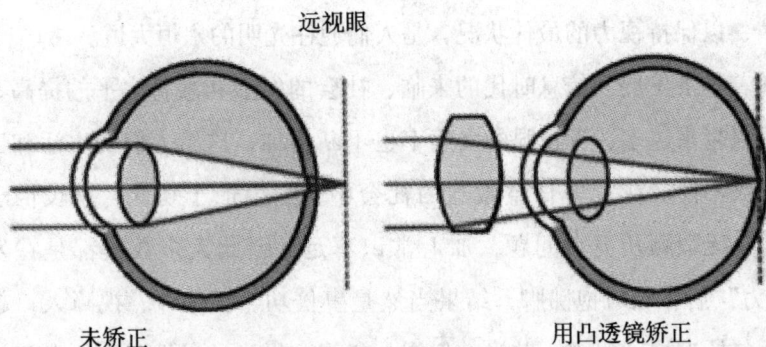

未矫正　　　　　　　　　　　　用凸透镜矫正

体的像仍落在视网膜的后面；配戴用凸透镜做成的远视眼镜（老花眼镜），这样就可以看清近处的景物。

三、为何眼疾患者数量越来越多

眼睛是人类感观中最重要的器官，大脑中大约有80%的知识和记忆都是通过眼睛获取的。读书认字、看图赏画、看人物、欣赏美景等都要用到眼睛。眼睛能辨别不同的颜色、不同的光线。眼睛是我们获取大部分信息的源泉。人类眼睛所表现出来的视觉能力，是所有生物中最精密的，被人类依赖的程度，也是所有生物之冠。当胎儿还在母亲肚子里时，眼睛与脑是最先发展出来的器官，往后伴随着年龄的成长，视觉状况也有不一样的发展。角膜约在两岁时完成发育，水晶体则在5~6岁时发育完成，直到约12岁左右，整个眼球的大小才固定成形，视力的发展也才趋于稳定。之后紧跟着的学龄期、青少年期的就学与课业压力，再加上电视与电脑的侵袭，此时期眼睛不仅承受着极大的压力，也开始了任重道远的责任，除了日以继夜承接来自外界的资讯，更牵引人们走过漫漫青年期、壮年期与老年期。眼睛是人类一生的好朋友，也是人类生命中最珍贵的宝藏。没有它，人们将处于黑暗之中，永无白昼，无法品尝自由的滋味。照顾好自己的眼睛，以保持视力的最佳状况，是人们通往光明的永恒大道。

随着经济发展及信息时代的来临、社会的发展和教育水平的提高，近距离用眼越来越多，近视眼的发病率也不断增加，这给人们的生活和工作带来极大不便。在竞争日益激烈的社会中，学生忙于功课，家长忙于工作，往往无暇顾及视力问题，加上常识不足，因此大多数人都是在发现"恶视力"后才临时抱佛脚，结果当然是事倍功半。如今，视障人口越来越多，包括近视、弱视、散光、斜视、老视、畏光、慢性眼疾、老年性病变（白内障、青光眼、黄斑部与视网膜病变）等，特别是青少年的视力问题尤为严重。由于学习负担重、不注意用眼卫生、玩电脑或看电视时间过长等原因，中小学生患近视的人数越来越多，并呈低龄化趋势。视力不良不仅造成生活上的不便，影响学习效果，高度近视更容易并发其他眼疾，甚至造成失明，因此，如何保健与预防视力恶化已经成为一项重要的工作。虽然追求健康已经成为现代社会的新时尚，但是我们对眼睛的保护和关爱却有所忽略，而且在眼保健的问题上，许多人都存在着误区。大多数人只有在眼睛疼痛或实在看不清楚时才去就医，一些中老年朋友常因无法阅读报纸而随便在地摊上买副老花镜，殊不知，这对眼镜是十分不利的；孩子视力下降后，家长盲目地购买眼保健产品以期望一劳永逸地根治近视等等，这些都反映出人们对用眼卫生知识的缺乏，尤其是对眼视光科学缺少应有的认识。说到"眼视光疾病"，人们也许会感到陌生，但提起近视眼、远视眼和老花眼恐怕没有人不熟悉，这些就都属于眼视光疾病。我们每天接触到的那些戴眼镜的人也都是眼视光患者。人们因为视力不好戴眼镜矫正甚至去做激光手术，这些眼视光矫正手段也早已是司空见惯的事情了。据统计，中国近视患者已超过三亿人，每年眼镜需求量达7000万副。随着医疗技术的发展，各式各样的眼睛治疗药物，手术等医疗手段充斥在我们周围。这些林林总总的医疗广告、宣传让人无从选择，消费者很有可能选择不当，这样不但不能改善自己眼部问题，甚至会带来更大的伤害。因此，广大的青少年和其他社会民众应具有一定的眼部知识，当问题出现时不至于盲目地选择治疗方式而造成病情的拖延和危害。人类在出生后不久便可以睁开眼睛看世界，直到生命的终止。人眼的发育兴衰也经历了由婴幼儿、少儿、青少年直至中老年等几个阶段。也许您听说过小儿弱视和斜视，或曾经为中学生不断增长的近视度数发愁；也许您深感高度近视、远视带来的种种不便，或正在为看不清报章上的小字而苦恼。总之，无论您觉得自己的眼睛有多好，视光学的问题始终伴随着我们的一生。视觉是获取信息的重要来源，保护好视力对人的生活具有重要意义。视觉不是眼睛的一种孤立技能，而是与人体的整体活动密切相关，是人的精神和活力的展现。所以时刻关注眼睛健康，了解眼睛疾病及其防护治疗、保健显得尤为重要。

第 二 章

日常眼睛保健常识

一、常做眼保健操的益处

知道你的眼睛疲惫了吗？

试试看，眼睛固定地盯着一个物体，由鼻子画一些简单的图形；也可以头部固定不动，眼珠左右上下转动，10s内看看眼睛有什么感觉？如果眼睛感到异常酸涩，这通常表示眼睛血液循环不良，缺乏活动，该让眼睛做做运动了。

如果我们的眼球本身没有疾病或营养不良，却有视力退化或视力异常发生，究其原因大概都是由以下两点造成的：

（1）运动不足，引起眼部肌肉衰退。

（2）压力造成异常紧张，导致血液循环系统不良。

一般来说，功能性视力退化的原因综合了"运动不足"和局部过度使用，前者导致功能退化，后者则产生疲劳累积性的功能退化。许多眼睛的问题来自于平日不良的生活习惯，包括用眼时的不良姿势，过度专心盯着书、电视和电脑。事实上，眼睛是为三度空间设计的，我们却多用眼睛来做二度空间的运作，如长时间近距离阅读、看电视和看电脑等，没有让眼睛适当地调适与休息，在眼肌无法放松的情形下，自然出现种种眼睛不适症状。

此外，当我们有压力时，身心处于紧张状态，这时候脑的能量会受到阻碍，然后左、右脑半球的沟通协调能力会降低，甚至罢工，其他的感官知觉也会随之不自主地"关机"。也就是说，身心紧张时，眼睛的转动就会停滞，大脑变得比较迟钝。如果长期处于这样的状态，眼睛自然会看不清楚，最后变成习惯，可能导致眼肌僵硬和歪斜，眼睛的恢复力和抵抗力自然也会减弱。所以，想要看得清楚、看得更远，就需要减轻压力，让心情、身体肌肉放轻松，这就需要运动——脑、身体、眼睛都动一动，让全身血液循环畅通，信息的接收与传达无误差。大脑和身体是一体的，如果彼此沟通协调不良，就会出问题。那么如何让它们之间的沟通顺畅无碍？我们以下将通过简单的视力检查方法，先了解一下自己的视力功能是否完美，加上体操动作的练习，可以让全身的神经网络沟通更为顺畅，脑、身、眼合作无间，一起分享世界之美。

一、视力体操

两只眼睛各位于脸的两旁，因为每个人鼻梁的高低不同，每只眼睛的能见度范围约为120°或以上；当双眼并用时，会有60°或以上的重叠范围。一般来说，欧美人的鼻梁较高，每只眼睛的能见度范围约为120°，而鼻梁较矮的东方人两眼的能见度范围则会大许多。

照理说，我们两眼所看到的东西的角度一定会不同，而且会有重叠的影像，但实际上，大部分的人都不会发生这种情形，为什么呢？那是因为我们大脑的视觉皮质非常尽责，会将两只眼睛接收到的信息做比较，然后加以整合，由此我们才能看到完整的图像。

也就是说，在一般正常情况下，大部分左眼所看到收到的信息会传到大脑右半球，而右眼看到的则会传到大脑左半球，两个脑半球之间虽然会相互竞争，但大部分时间沟通协调得很好，合作愉快，由偏好的一方掌控主导权。一般来说，如果你偏好使用右眼，那么我们比较倾向于看到事物的细节；相反，则容易看到事物的整体。不过，如果大脑两半球之间发生争执，沟通不良，那么双眼所看到的影像的重叠之处就成了"兵家必争之地"，两眼会互相竞争取得主导权，这时候就会发生"视而不见"的现象了。有些人在阅读上出现障碍，如将文字倒转逆读或跳行跳字等现象，这都是由于大脑左右半球和视觉中央区无法整合与合作的关系。因此，最理想的状态是既能看到完整的图形，又能看到所有细节，就是所谓的"见树又见林"，这就需要大脑左右半球和双眼间的沟通无碍，合作无间，让眼睛能在重叠的中央区视觉自在顺畅地移动。

视力体操一共有三十多个动作，配合大脑体操练习，能够促进大脑与眼的沟通，让彼此协调合作，进而让事物影像完美地呈现在我们眼前。

二、穴位按摩

如果常常坐着不运动，血液循环会越来越差，能量流动受阻，身体就会开始酸痛。眼睛也一样，长时间注视一个地方不动，眼睛周围的肌肉就会紧绷，血液循环也跟着变差，眼睛就容易酸涩。眼睛周围有许多穴道，多按摩这些穴道，不但可以增加眼睛血液的循环、放松眼睛周围的肌肉，并且能帮助放松"眯着眼"看东西时用到的前额肌肉。

（1）用指尖或拇指的关节在眼睛周围轻柔且有韵律地拍打（可先在一边练习），由内向外地画圈圈。

（2）内圈从眉毛开始往下到太阳穴，再从眼下二三厘米的地方上来；外圈则由额头的中间上来，太阳穴下去一直到颧骨下面，再从鼻梁上来，结束时可轻捏鼻梁。

（3）内外圈各练习几次，再将两者结合在一起做。做完内圈的上半，要接着做外圈的下半，再做一次内圈后接着做外圈的上半，形成重叠的8，多练习几次就会发现，不但眼睛连整个半边的脸都会放松下来。

（4）用你的心感受一下，可将感觉延伸到同侧的身体，然后感觉一下，和未做的另一侧有何不同。

（5）重复第（1）～（3）步骤，按摩另一只眼睛。

三、易筋经眼保健操

易筋经眼保健操和我们在学校里锻炼的眼保健操锻炼方法不一样，不需要用手按摩眼睛及其周边的穴位，只要闭着眼睛一紧一松地锻炼眼睛及其周边的组织就可以了。这样可以使眼睛及其周边组织的肌肉、血管、神经和经络及其他组织都得到一紧一松的牵拉，这对改善眼睛的血液循环、消除用眼疲劳、增进视力和预防近视很有帮助

第一节，闭目睁闭眼：两眼闭合，呼吸自然。然后在闭目的状态下尽力睁大眼眶→还原→尽力闭紧眼睛→还原。共做四个八拍（下同）。

第二节，闭目左右瞧：在闭目的状态下眼睛尽力向左后方瞧→还原→用力向右后方瞧→还原。

第三节，闭目上下瞧：在闭目的状态下眼睛尽力向上方瞧→还原→尽力向下方瞧→还原。

第四节，闭目斜向瞧1：在闭目的状态下眼睛尽力向左上方瞧→还原→尽力向右下方瞧→还原。

第五节，闭目斜向瞧2：在闭目的状态下眼睛尽力向右上方瞧→还原→尽力向左下方瞧→还原。

第六节，闭目转眼睛1：在闭目状态下逆时针方向转动眼球，转动顺序为上→左→下→右。转动一圈为1个节拍。

第七节，闭目转眼睛2：在闭目状态下顺时针方向转动眼球，转动顺序为上→右→下→左。转动一圈为1个节拍。

第八节，闭目养神：双目闭合，呼吸自然，全身放松，双掌相叠捂着脐腹部，然后稍用意去体验轻轻呼吸的时候眼睛放松舒适的感觉，呼吸一次为2个节拍。

第九节，极目远眺：尽力睁大眼睛远眺景物，远眺时应背向阳光。

易筋经眼保健操没有单独相应的音乐，网上易筋经眼保健操视频的音乐，是人工口令和新编第一套眼保健操的音乐相结合而成的。如果听过新编第一套眼保健操音乐的，都可以听得出来。

二、正确使用眼药

一、使用眼药水常见问题

（1）通常在何时点眼药。①一天中的任何时候17%；②睡觉前17%；③眼睛不舒服时67%。专家点评：一般点完眼药水后最好闭眼几分钟，利于吸收。在早起后，午睡前和晚上睡觉之前点眼药水效果比较好。其他时间点眼药水要注意选择时间较充裕的时候，不要一点完，马上就去做别的事情。

（2）每次点几滴眼药水。①一滴17%；②两滴50%；③不确定33%。专家点评：眼药水一次1~2滴就够了，多滴不仅吸收不了，而且还可能产生不良反应。一滴眼药水约30μL，而结膜囊内可储存的容量平常只有7μL，多点眼药水后，结膜囊的容量最多也只能增加至30μL，多余的眼药水不是从眼角溢出，就是沿鼻泪管流向鼻腔。对于那些没有毒副作用和刺激作用的眼药水来说，多点几滴只是造成了浪费。

（3）选择眼药水的依据。①眼药水的成分10%；②广告宣传7%；③医生推荐30%；④药店工作人员推荐3%；⑤自己或朋友的经验50%。专家点评：虽然很多眼药可以自己选择，但是在购买眼药水之前最好请眼科医生检查一下，到底是什么病，再根据医生的建议去买。如果一定要选择的话，必须要仔细看说明书，如果使用过程中有什么不适，马上看医生。

有些眼药不能乱点。很多人点眼药水都是听别人介绍，特别是当自己的症状与别人"一样"时，其实这样做是很危险的。有几种眼药水需要特别注意，首先是阿托品眼液，阿托品眼液是用于治疗急性虹膜睫状体炎的，主要症状是眼睛发红、疼痛、视力下降。阿托品可以扩散瞳孔，缓解炎症，防止虹膜和晶状体粘连。因为其散瞳作用很强，作用时间长，将瞳孔散大后，一般需要三周左右的时间才能完全恢复。在此期间，很难用药物使它缩小，所以错用了1滴阿托品眼液就可能造成不可挽回的损失。有的患者就曾经因为"眼红"症状，错用阿托品，导致双目失明。还有些防治近视眼药水有类似阿托品样作用的药物成分（例如，青少年常用的托吡卡胺眼药水，商品名称为"双星明"），通过散大瞳孔，解除调节痉挛，达到治疗假性近视的目的，虽然这种药物作用时间较短，一般8h后药物作用消失，但也不可随便使用。激素类眼药水如醋酸可的松的眼药水也不能乱用，这类眼药刚开始点能有效缓解眼睛干涩、发红，但长期使用可引起眼压增高，甚至视神经损害、视野缺损和视力下降，造成皮质类固醇性青光眼，而且这种青光眼自觉症状较轻，病程经过缓慢，临床上很难及时发现。

眼药水并非"必备品"，眼药水原则上是能不用就不用，电脑族只要做到以下几点，就不必常规点眼药水：用电脑时间不要太长，持续使用电脑（40~50）min，一定要让眼睛休息（10~15）min，眺望远处，让眼睛充分放松；每天在电脑前工作累计不要超过6h。戴隐形眼镜的人，只要平时注意个人卫生，严格按照正规操作程序戴卸，也不必老点眼药水。除了点眼药水，还有些方法能够缓解眼睛干涩：做眼保健操、热毛巾湿热敷、多看远处。

（4）用眼药水要适度。为保持药物的无菌性和延长药物的有效期，其中一般都加入防腐剂保质。虽说微量防腐剂对眼睛损伤并不大，但多次使用眼药水，长期过度接触防腐剂，可能会对眼睛产生伤害，导致正常泪膜受到破坏，角膜上皮细胞出现损伤。因此，原则上来说，眼药水能不用就不用，若必须使用，一天不应超过 4 次。

（5）眼药水混用要慎重。买眼药水时看着这种眼药水的功能是这样，那种眼药水功能是那样，两者功能互补好像正好能解决自己的眼睛问题，于是眼药水使用时将两者混用，滴完一种，5min 后滴另一种。对于这种方法，有些眼药水可以混用，但是有些是不能混用的，有些眼药水混用后会降低疗效，有些甚至会产生毒性。因此如果想混用眼药水，要去询问一下医生的意见，不要想当然行事。

二、眼药水的正确使用

（1）滴眼药之前别忘了先洗手，以免经手接触引发感染；点完眼药水（膏）有可能手指会点到药水或泪水，最好能再洗一遍手。

（2）滴眼药时，头部要尽量向后仰或平躺下来。用食指将下眼睑下拉与眼球分开。

（3）将眼药水瓶嘴对准眼睛，点在结膜穹窿内。眼药水滴一至两滴即可，眼药膏大约挤出 1cm 长，因为眼球表面的容积很有限，且泪液由鼻泪管排掉的速度很快，所以在这有限的容积及时间内才增加眼药与眼球表面接触和时间，注意，眼药瓶嘴不可以接触到眼睛或睫毛，以防止药瓶受污染，并且点完眼药后立即盖上瓶盖。

（4）闭上眼睛至少 5min，不可以眨眼，并用手指轻轻按压眼内角鼻泪管处，至少 2min，以减慢药液的排掉。

（5）在睁开眼睛之前，用纸巾或手帕将流到眼睛周围未被吸收的眼药水或泪水擦拭干净。

（6）如果需要点两到三种眼药水时，间隔需（5~10）min 再点第二种眼药水；若须同时点眼药水和眼药膏，应先点眼药水后隔 5min 再抹眼药膏。

（7）如果身边有家人与同事的话，尽量自己完成滴眼药水"工作"，以防他人手上的细菌等。当然如果双方都有洗手以及做好卫生工作的话，那他人帮助你会更好一些，以防自己滴眼药水时滴偏等一些情况发生。

三、使用期限

（1）食物讲"保质期"，而药品应该称"有效期"。

（2）眼药水有效期是指眼药水在未开封（即未打开瓶盖）的有效期限。

（3）有效期内任何时候开封都有效，若过了有效期无论开封与否均失效。

（4）打开瓶盖后眼药水的有效期一般为 1 个月，那为什么大部分眼药水都没有标明这个期限呢？那是因为这个"时间"长短跟季节、放置地点的环境以及患者使用习惯（如滴药时是否接触眼睛等）密切相关，不能准确地确定这个时间。

（5）未封的眼药水有效期一般为 1~3 年，在药品说明书上详细表明。一旦打开瓶盖后有效期一般为 1 个月，患者最好的一个月期限内使用。否则，过期的药水不但没有药效，反而容易引起过敏及毒性反应。

那使用期究竟该是多少日呢？以往不少眼用制剂产品几乎对此均未做任何详细解释，如今倘若你能在使用前仔细地看完每种眼用制剂的使用说明书，几乎都能从那字迹密密麻麻细如蝇头般的文字中发现这么一条注意事项："眼用制剂在启用后最多可使用 4 周。"

"最多可使用 4 周"的规定其道理并不复杂，因为一般眼用制剂的使用说明书中的一条又一条注意事项中其实还有一条，"滴眼时瓶口勿接触眼睛,使用后应将瓶盖拧紧,以免污染药品",专家对此的解释是——眼用制剂一旦开封,极易在使用和保存过程中被泪液及空气中的微生物污染,从而滋生安全性隐患。

事实上以往每种眼用制剂(包括各种抗生素类眼药水),在生产时均添加了抑菌剂(亦称防腐剂),但正因为抑菌剂本身也会对眼组织细胞产生作用,添加量若超过一定浓度,对眼组织细胞同样具有一定损害作用,故国外目前已逐步转轨生产一次性使用的眼用制剂,以解决这对矛盾。由于价格因素,国内则以规定启用后的时效(4周)来确保用户的安全。

专家指出,大部分的眼部疾患,一般总是以眼药水或眼药膏的形式,通过直接点在眼睛表面来产生医治作用的,因此眼用制剂的实际安全有效时限事关重大,但诸多眼用制剂的使用说明书,如今即使添加了"眼用制剂在启用后最多可使用4周"这条,往往均排列在诸多事项的末尾,加之此类说明书字迹细小,真正的眼疾患者很少能看清,人们往往只认产品包装上注明的生产批号、生产日期、有效期,很容易疏忽乃至被误导。

有关药品销售部门曾为此对前来购买各类眼药水的顾客做过一个随机抽样调查,结果知晓"启用后最多可使用4周"的还不到10%。专家为此呼吁,此类对眼疾患者健康安全十分重要的注意事项,必须以醒目的提示语明显地标注在各类眼用制剂外包装上,医疗部门要提示,生产部门更有责任明示:有效期≠使用期。

四、保存技巧

患眼病后医生会开一些眼药水点眼。那么,拿回家的眼药水该怎样保存才能使眼药水不被污染、不变质,更好地发挥疗效呢?

(1)眼药水要放在阴凉、干燥、通风处,有条件可放入冰箱里(4℃即可)。如温度太高容易变质。

(2)用前要看眼药水是否清亮透明,有无变色或出现霉菌团。注意在规定的时间内使用完。

（3）每次使用后要把盖子拧紧，以减少污染和药液外漏的机会。

（4）眼药水一定要和其他类水剂药物分开存放，笔者曾遇到两例患者，误把脚气水、小瓶装的碘酊（碘酒）当成眼药水点入眼内，引起眼睛烧伤。

（5）在眼药水瓶上写上名字，以免点错。例如，阿托品类药物是散瞳药，如果老年人用了有可能诱发青光眼，严重者视力下降，甚至失明。噻吗心安眼药水是治疗青光眼的，此药对心脏有一定的影响，点多了，可能发生心脏病，已有心脏病者病情会加重。

五、注意事项

（1）在用药物之前一定要阅读药品说明书，了解药物的名称，确定使用了正常的眼药，了解成分、用法、用量、注意事项、有效时限、副作用、禁忌症等，如有疑问一定不能使用，待咨询医生后再使用。

（2）如果你曾经有过药物过敏的病史、怀孕或者正在使用其他药物，应先告知医生。另外，因任何药物都可能引起过敏，甚至非处方的眼药水中的防腐剂也会引起过敏的可能，如果出现痒痛、肿胀或眼部周围潮红时，停止使用眼药并看医生。

（3）眼药水（膏）开启后，一般三个月就该丢弃，特别是不含防腐剂或特殊成分的眼药，一般在一个月内使用完毕。

（4）眼药水（膏）若有颜色变化、有异味、有异物和沉淀等，是变质的表现，绝不可以再使用。每次滴药前检查一下眼药水是否变色，有无杂质。保存眼药除了要预防污染、变质外，还要预防误食、误用。最好把眼药水放在阴凉、干燥、通风及灰尘少的地方，切不要乱扔乱放，也不要放在温度高的地方或被太阳光直晒处。有的眼药水性质不稳定，须放入4℃左右的冰箱内保存，瓶口朝上，拧紧盖子，防止药液漏出造成意外。

（5）对于来路不明或标示不清的眼药，绝不可以使用，佩戴隐形眼镜者，勿点眼药，除非在医生的指导下或取下眼镜时使用。

（6）儿童别用氯霉素眼药水，儿童代谢功能差，造血机能不健全，对氯霉素的毒性耐受性差，即使是浓度不高的氯霉素眼药水，也有引起中毒的危险。

三、食疗与眼部保健

保护眼睛，除了平时注意劳逸结合，不要长时间连续看书、看电视、定时做眼睛保健操外，经常吃些有益于眼睛的食品，对保护眼睛也能起到很大的作用。那么，对眼睛有益的食物有哪些呢？

首先是瘦肉、禽肉、动物的内脏、鱼虾、奶类、蛋类、豆类等，它们含有丰富的蛋白质，而蛋白质又是组成细胞的主要成分，组织的修补更新需要不断地补充蛋白质。

其次，含有维生素 A 的食物也对眼睛有益。缺乏维生素 A 时，眼睛对黑暗环境的适应能力减退，严重的时候容易患夜盲症。每天摄入足够的维生素 A 还可以预防和治疗干眼病。维生素 A 的最好来源是各种动物的肝脏，而植物性的食物，如胡萝卜、苋菜、菠菜、韭菜、青椒、红心白薯以及水果中的橘子、杏子、柿子等，也富含胡萝卜素。除此之外，多吃含有维生素 C 的食物。因为维生素 C 是组成眼球水晶体的成分之一。如果缺乏维生素 C 就容易患水晶体浑浊的白内障病。含维生素 C 丰富的食物有各种新鲜蔬菜和水果，其中尤以青椒、黄瓜、菜花、小白菜、鲜枣、生梨、橘子等含量最高。

另外，菊花茶是保护眼睛的好饮料，它可消除眼睛浮肿及疲劳。睡前喝太多的水，第二天早上起床眼睛就会浮肿得像熊猫一样，民间有一种方法可以有效解除，就是用棉花沾上菊花茶的茶汁，涂在眼睛四周，很快就能消除这种浮肿现象。菊花对治疗眼睛疲劳、视力模糊有很好的疗效，中国自古就知道菊花能保护眼睛的健康，除了涂抹眼睛可消除浮肿之外，平常就可以泡一杯菊花茶来喝，能使眼睛疲劳的症状消除。如果每天喝三杯到四杯的菊花茶，对恢复视力也有帮助。菊花茶中加入枸杞，两种都是中药护眼的药材，泡出来的茶就是有名的菊杞茶，尤其是学生在彻夜温习功课之后，都会出现眼睛疲劳的毛病，近视的人更是经常感到眼睛干涩，常喝菊花茶能改善眼睛的不舒服。还有一种像黑色米粒的决明子，煮成茶汁来喝，也是很好的护眼饮料。

大蒜是很好的蔬菜，对不少疾病都有一定的预防作用。但是，如果长期过量地吃大蒜，尤其是眼病患者和经常发烧、潮热盗汗等虚火较旺的人过多吃蒜，会有不良后果，故民间有"大蒜有百益而独害目"之说。因此，患有眼疾的朋友在治疗期间注意到这一点更为重要，否则将影响疗效。大部分人只知道，常吃甜食容易增加体重。其实，它还会影响眼睛健康，诱发或加重一些眼睛疾病，如近视眼、白内障、视神经炎等。这是因为甜食中的糖分在人体内代谢时需要大量的维生素 B_1，如果肌体中糖分摄入过多，维生素 B_1 就会相对不足，而维生素 B_1 是眼睛不可缺少的营养物质之一。所以，为了眼睛的健康，老人应尽量少吃甜食，小孩子少吃甜食也可以起到预防近视的作用。

以下介绍一些护眼药膳：

1. 护眼药膳

家常视宝汤：鸭肝 150 克、芹菜 50 克、木耳（水发）20 克、鲜蘑菇 50 克、蒜头、葱姜、麻油、盐、米酒各适量。芹菜切小段，蘑菇、木耳切丁，肝切成泥状拌入米酒、盐及太白粉。

油烧至 5 分热，爆香姜、蒜，加入蘑菇、木耳，加适量水，煮沸，再加入肝泥并搅和，调味，投入芹菜煮沸，起锅滴入少许麻油。补益肝肾、养血明目、增强免疫力。适合肝虚目暗、视物模糊、夜盲贫血症，是小儿护眼的最佳食疗方法。

菠菜护眼汤：猪肝60克或土鸡肝2副、菠菜130克、食盐、香油各少许，清高汤1公升。故纸、谷精、甘杞、川芎各15克。将四味中药材洗净加水1000CC，煎煮约20分钟，滤渣留汤备用。猪肝去筋膜洗净后切薄片，菠菜洗净后切成小段备用。先用少量油爆香葱花，加入中药汁、猪肝、菠菜，煮开后放入适量食盐，搅匀后起锅加入少许香油即可食用。补肝养血、明目润燥。常食可改善视力，并可治疗小儿夜盲症、贫血症，均有良好的补益作用。

枸杞肉丝配料：枸杞100克，猪瘦肉300克，青笋（或玉兰片）10克，猪油100克，另炒菜佐料适量制作：将猪瘦肉洗净，切成6厘米左右的细丝，青笋同样制作，枸杞子洗净。待油七成热时，下入肉丝、笋丝煸炒，加入料酒、酱油、食盐、味精，放入枸杞，翻炒几下，淋入麻油即可。说明：枸杞可滋补肝肾，润肺明目。猪肉富含蛋白质，通过补益身体，使气血旺盛，以营养眼内各组织。

猪肝羹配料：猪肝100克，鸡蛋2只，豆豉、葱白、食盐、味精适量制作：猪肝洗净，切成片。置锅中加水适量，小火煮至肝熟，加入豆豉、葱白，再打入鸡蛋，加入食盐、味精等调味。说明：鸡蛋和猪肝都是富含蛋白质的食物。猪肝含维生素A较多，可以营养眼球，收到养肝明目的效果，适用于儿童青少年假性近视（兼用于远视的食疗）。其中猪肝可用羊肝、牛肝、鸡肝代替。

鸡肝羹配料：鸡肝50克，食盐、味精、生姜适量制作：鸡肝洗净切碎，切成片，入沸水中余一下，待鸡肝变色无血时取出，趁势加入生姜末、食盐、味精，调匀即可。说明：鸡肝中维生素A含量最高，本方可养肝明目，适用于各种近视。

核桃仁配料：核桃仁泥1匙、黑芝麻粉1匙、牛奶或豆浆1杯、蜂蜜

1 匙。制法：核桃 1500 克去壳及衣，放在铁锅内，用文火炒，待炒成微黄后取出，冷却，用捣臼捣烂成泥。黑芝麻 500 克，去除泥沙，放在淘米箩内，用水漂洗后取出，放在铁锅内，用文火炒，炒干后取出并研细末。吃法：核桃泥与黑芝麻粉各 1 匙，冲入煮沸过的牛奶或豆浆内，再加蜂蜜 1 匙，调匀后服用，每日 1 次，可当早点。长期服用，既能增加全身和眼内营养，也能增强睫状肌力量及巩膜的坚硬性，从而起到预防近视发生、加深的作用。

蘑菇紫菜汤：鲜蛎黄 250 克，蘑菇 200 克，紫菜 30 克，香油，盐，味精。先将蘑菇、生姜纳入沸水中煮 20 分钟，再将鲜蛎黄、紫菜放入，煮沸后食用。具有滋阴养阳，益脾补血，明目功效。

花生瓜子枣泥膏：花生仁 120 克，南瓜子 60 克，大枣 80 克，米粉 250 克，黄豆粉 30 克。把花生仁与南瓜子炒去皮，大枣去核共捣如泥，然后调入湿米粉，湿豆粉，加猪油 20 分钟，蒸 40 分钟。健脾养血，明目。

2. 护眼茶饮

芝麻枸杞茶：

材料：沙苑子 10 克、菟丝子 10 克、黑芝麻 12 克、枸杞子 20 克、首乌 15 克、泽兰 10 克、食盐 10 克。

做法：食盐炒热，加入枸杞续炒至发胀，即筛去食盐取枸杞与余药煎煮约 12 分钟，再浸泡 10 分钟，滤去渣，代茶饮用。

功效：明目。主治视力减退。

五味蜜茶：

材料：北五味 4 克、蜜蒙花 6 克、绿茶粉 1 克、蜂蜜 10 克。

做法：北五味子入锅略炒稍焦，再加入蜜蒙花与水约 450CC，煮沸 3 分钟，过滤加蜂蜜拌匀，待稍冷适量时再入绿茶粉搅和均匀即可饮用。

功效：主治视力功能减退。

决明子茶：

材料：决明子 10 克、菊花 5 克、山楂 15 克。

做法：决明子略捣碎后，加入菊花、山楂，以沸水冲洗，加盖焖约 30 分钟，即可饮用。

功效：主治头部晕眩，目昏干涩，视力减退。

第三章

保护眼睛，远离近视

一、什么是近视

一、近视眼的定义

近视眼也称为短视眼。因为这种眼睛只能看近不能看远。在休息时，从无限远处来的平行光经过眼的屈光系折光之后，在视网膜之前集合成焦点，在视网膜上则结成不清楚的像图，远视力明显降低，但近视力尚正常。所以近视眼不能看清远方的目标，若将目标逐渐向眼移近，发出的光线对眼有一定程度的散开，形成焦点就向后移。当目标物移近至眼前的某一点，此点离眼的位置愈近，近视眼的程度愈深。

近视发生的原因大多为眼球前后轴过长（称为轴性近视），其次为眼的屈光力较强（称为屈率性近视）。近视多发生在青少年时期，遗传因素有一定影响，但其发生和发展，与灯光照明不足，阅读姿势不当，近距离工作较久等有密切关系。大部分近视眼发生在青少年时期，在发育生长阶段度数逐年加深，到发育成熟以后即不发展或发展缓慢。其近视度数很少超过 6D，眼底不发生退行性变化，视力可以配镜矫正，称为单纯性近视。

另一种近视发生较早（在 5～10 岁之间即可发生），且进展很快，25 岁以后继续发展，近视度数可达 15D 以上，常伴有眼底改变，视力不易矫正，称为变性近视。

患近视眼的人除了看不清远处物体外，多数还容易产生视力疲劳。因为，经常眯着眼睛看东西，会使眼外肌、睫状肌过度紧张，容易引起眼睛疲劳。有时为了看清字体喜欢把书本放得很近，这样更加重了眼的调节，促使近视的发展。长时间地看书、写字、看电视，就会感觉双眼干涩，眼睑沉重，眼球酸胀，眼眶疼痛。继而视物模糊，出现双影，看书串行、严重的还可以出现头昏、头痛、恶心等症状。由于看不清黑板，注意力不集中，而出现学习成绩下降。

二、近视眼的危害

（一）容易受损伤

孩子得了近视需要配戴眼镜，便由于儿童活泼好动，若不慎眼镜受撞击破碎，轻者眼睛被扎伤，重者导致失明。

（二）学习成绩下降

孩子得了近视不配戴眼镜看不清字，配戴了眼镜后容易造成视疲劳，注意力不集中，使学习成绩下降。

（三）影响孩子前途

孩子得了近视，升学选择专业和就业就有很大限制，孩子的前途就会受到极大影响。

（四）遗传后代

现代医学已经证明，由于后天因素得的近视，如不及时治疗，也将会遗传给后代。

（五）危害身心健康

由于孩子近视，多种体育活动无法参加，影响孩子身体正常发育，致使孩子体质虚弱多病，身心健康受到极大影响。

（六）生活质量低下

由于孩子近视，日常生活极其不便，例如，交际、旅游外出、参加娱乐活动都有很多困难，由此产生心理障碍，致使生活质量低下。

（七）导致并发症

得了近视如不及时治疗，不但度数会不断加深，最终成为高度近视，还可导致视网膜脱离、黄斑出血、青光眼和白内障等并发症，甚至失明。

（八）太多不便

由天气变化而带来的太多不便，例如，雨天、黑暗时，夏天太热、冬天太冷，戴眼镜进出，温差太大容易反霜，擦拭后带来镜片磨损，致使视物模糊，度数逐年增加。

三、近视眼的分类

（一）按近视程度分

（1）3.00D（300度）以内者，称为轻度近视。

（2）3.00D~6.00D（300度~600度）者为中度近视。

（3）6.00D（600度）以上者为高度近视，又称为病理性近视。

（二）按照屈光性分

（1）轴性近视眼，是由于眼球前后轴过度发展所致。

（2）弯曲度性近视眼，是由于角膜或晶体表面弯曲度过强所致。

（3）屈光率性近视眼，是由于屈光间质屈光率过高所致。

（三）按调节性分

假性近视又称为调节性近视眼。是由看远时调节未放松所致。它与屈光成分改变的真性近视眼有本质上的不同。

1. 假性近视

假性近视是相对真性近视而言。真正的近视眼是正视眼的屈光系统处于静止状态，即解除了调节作用后，眼的远点位于有限距离之内。换句话说，近视眼是由于先天或后天的因素而造成眼球前后径变长，平行光线进入眼内后在视网膜前形成焦点，引起视物模糊。而假性近视眼，是在看远处物体时还有部分调节作用参加。常见于青少年学生在看近物时，由于使用调节的程度过强和持续时间太长，造成睫状肌的持续性收缩，引起调节紧张或调节痉挛，因而在长时间读写后转为看远时，不能很快放松调节，而造成头晕、眼胀、视力下降等视力疲劳症状。这种由于眼的屈光力增强，使眼球处于近视状态，称为假性近视。假性近视和真性近视从症状上看都有视力疲劳、远视力不好而近视力好的特征。但假性近视属于功能性改变，没有眼球前后径变长的问题，只是调节痉挛，经睫状肌麻痹药点眼后，多数可转为远视或正视眼。如果按真性近视治疗戴了近视镜片，眼睛会感到很不舒服，因它并没有解除调节痉挛，甚至还有导致近视发展的危险。

2. 真性近视

真性近视也称为轴性近视，其屈光间质的屈折力正常，眼轴的前后径延长，远处的光线入眼后成像于视网膜前。

真性近视临床主要特点为：①近视程度多为中、高度近视，发生、发展时间较长，并且患者眼球外观不同程度的外凸。②真性近视很难自我调整恢复。

真性近视与假性近视的最大区别在于屈光间质（角膜、房水、晶状体、玻璃体）的屈光正常，而视轴变长。其主要原因在于长期近距离视物。

3. 混合性近视

往往一个人的近视是由于眼睛疲劳引起的假性近视，导致慢慢地部分真性近视与假性近视同步，可以这么说，在近视度数不断加深的人里面，都是属于混合性近视。目前治疗近视最有效的物理手段是手术，由于目前手术情况还不太清楚后遗症，故缺点还没有办法说明，优点是见效快。

二、近视的成因

近视是由多种因素导致的。近年来许多证据表明环境和遗传因素共同参与了近视的发生：外因——长时间近距离看事物，使眼球中睫状肌失去弹性晶状体而导致晶状体不能复原（比天生厚了），于是发生近视。

一、遗传因素

研究认为高度近视眼的双亲家庭，下一代近视的发病率较高，近视眼具有一定的遗传倾向已被公认，对高度近视更是如此。但对一般近视遗传倾向就不很明显。近视主要有40%是遗传，近视遗传主要是高度近视的遗传，高度近视也分两种：一种是生理性的；一种是病理性的。若是病理性近视，宝宝的眼睛形成近视具有可能性。因为带有特定家族遗传性，有这个概率，但是也不一定凡是患有高度近视的家长他孩子的眼睛都具有高度近视，有一个概率在里面。特别需要强调的一点是，必须是病理性高度近视，如果是生理性近视600度，甚至1000度的也是不会遗传的。病理性近视带有遗传因素，生理性近视是不带有遗传因素的。

高度近视为常染色体隐性遗传病，也就是有关近视的一对基因都是本病的致病基因才发病。如果只是其中一个基因是致病的，而另一个基因是正常的，则不发病，只是致病基因携带者。譬如父母亲都不是近视眼，但他们都是高度近视基因携带者，在他们本人不显示近视，但他们俩的致病基因遗传给孩子，使孩子具备了两个近视基因，故而使孩子成了近视眼。高度近视眼的男子与高度近视眼（600度以上者）的女子结合，子女发病的机会在90%以上。如果与近视眼基因携带者结合，子女可能有半数是高度近视，而同正常视力或中低度近视者结合，子女发生近视眼的机会是 1/10。

如果是后天形成的生理性的高度近视，对孩子的眼睛健康影响并不大，要想使宝宝眼睛能够达到健康地发育，就一定要在孩子出生以后注意孩子的用眼卫生，例如，不要过长时间地近距离让孩子去观察事物，包括近距离的视频或者做一些精细的工作，如书法、描绘和练字等，这样就可以使得孩子的近视发生的可能性降低。

二、环境因素

近视眼的发生和发展与近距离用眼的关系非常密切。青少年的眼球正处在生长发育阶段，调节能力很强，眼球壁的伸展性也比较大，阅读、书写等近距离工作时，不仅需要眼的调节作用的发挥，双眼球还要内聚，这样眼外肌对眼球施加一定的压力，久而久之，眼球的前后轴就可能变长。每增长 1 毫米就达 3.00 屈光度（也就是普通说的 300 度），当然这种近视绝大多数为单纯性近视，一般度数都比较低，都在 6 屈光度以下，发病多在青春期前后，进展也比较缓慢。形成近视眼的环境因素主要可以概括成以下几个方面：

（一）用眼距离过近

青少年近视眼以长期用眼距离过近引起者为多见。青少年眼睛的调节力很强，当书本与眼睛的距离达（7~10）cm 时仍能看清物体，但如果经常以此距离看书、写字，就会使眼睛的调节异常紧张，从而可形成屈折性（调节性）近视，也就是所谓的假性近视。如果长期调节过度，使睫状肌不能灵活伸缩，由于调节过度而引起辐辏作用加强，使眼外肌对眼球施加压力，眼内压增高，眼内组织充血，加上青少年眼球组织娇嫩，眼球壁受压渐渐延伸，眼球前后轴变长，超过了正常值就形成了轴性近视眼，也就是所谓真性近视。正常阅读距离应是（30~35）cm。

（二）用眼时间过长

有的青少年看书写字做作业或看电视等连续（3~4）h不休息，甚至到深夜才睡觉休息，这样不仅影响身体健康，而且使眼睛负担过重，眼内外肌肉长时间处于紧张状态而得不到休息。久而久之，当看远处时，眼睛的肌肉不能放松而呈痉挛状态，这样看远处就感到模糊而形成近视。有的学生过了一个暑假视力就明显下降就是这个原因。一般主张连续看书写字或看电视（40~50）min就应休息片刻或向远处眺望一会儿。

（三）照明光线过强或过弱

如果光线太强，如阳光照射书面等，会引起强烈反射，刺激眼睛，使眼睛不适，难以看清字体。相反，光线过弱，书面照明不足，眼睛不能清晰地看清字体，头部就会向前，凑近书本，以上两种情况均使眼睛容易疲劳，眼睛的调节过度或痉挛而形成近视。

（四）在行车上或走路时看书

有的青少年充分利用时间，边走路边看书或在行走的车厢里看书，这样对眼睛很不利。因为车厢在震动，身体在摇动，眼睛和书本距离无法固定，加上照明条件不好，加重了眼睛的负担，经常如此就可能引起近视。

（五）躺着看书

许多青少年喜欢躺在床上看书，这是一种坏习惯。因为人的眼睛应保持水平状态看书，使调节与集合（辐辏）取得一致，减少眼睛的疲劳。如果躺着看书，两眼不在水平状态，眼与书本距离远近不一致，两眼视线上下左右均不一致，书本上的照明度不均匀，都会使眼的调节紧张而且容易把书本移近眼睛，这样可加重眼睛负担2~3倍，日久就形成近视。

（六）睡眠不足

当睡眠不足时，第二天精神不振，头昏脑涨，大脑没有充分休息，疲劳未能消除，加重眼睛负担，促使近视发生。睡眠不足是近视眼的形成原因中很重要的一条。

（七）课桌不符合要求，写字姿势不正确

若桌椅太低，使头前倾，脊柱弯曲，胸部受压，眼睛调节相对紧张。或桌椅过高，双脚悬空，下肢容易摆动，不能保持正确姿势，都能使眼睛发生疲劳，久而久之就容易发生近视。

（八）目前空间的射线的影响

经常看电视，尤其是信号不足，接收率不高的农村地区，没有共用天线，屏幕不清晰，雪花点也多，很易使眼睛疲劳；经常玩电子游戏机的同学更易损坏视力，商场出售的学习机，都能直接引起学生近视；当今计算机是一门不可缺少的课程，过长时间操作电脑引起眼的干涩和疲劳易引起近视，均须适当控制使用时间。

（九）营养不良、缺钙、锌等维生素

以上因素也就是近视的致病原因之一。

三、近视患者的临床特征有哪些

轻度或中度近视，除视远物模糊外，并无其他症状。在近距离工作时，不需调节或少用近视调节，即可看清细小目标，反而感到方便。但在高度近视眼工作时，目标距离很近，两眼过于向内集合，这就会造成内直肌使用过多而出现视力疲劳症状。高度近视的前房较深，瞳孔较大，眼球因前后轴长而显得稍有突出。在视盘颞侧可见白色或灰白色新月形斑，称为近视半月斑，这是由于巩膜向后伸长，视网膜色素上皮及脉络膜与视盘颞侧边缘脱开，露出巩膜或部分脉络膜与巩膜之故。后极部巩膜不断向后扩张在黄斑部可出现膝裂样条纹和视网膜下新生血管，附近视网膜、脉络膜出现斑块状萎缩变性，导致后巩膜葡萄肿。黄斑部常有色素增生，甚至出血，形成萎缩斑从而严重损害视力，高度近视的黄斑病变已成为主要导

致盲眼病之一。此种患者还常伴有玻璃体液化、混浊、少数还可发生视网膜脱离及并发性白内障。轻度及中度近视，眼部无特殊改变，但偶亦有近视半月斑及豹纹状眼底改变。近视眼日久可以导致集合功能不全，发生外斜视。

一、近视眼的临床表现概括为以下几个方面

（一）视力减退

近视眼主要是远视力逐渐下降，视远物模糊不清，近视力正常，但高度近视常因屈光间质混浊和视网膜、脉络膜变性引起，其远近视力都不好，有时还伴有眼前黑影浮动。

（二）外斜视

中度以上近视患者在近距离作业时很少或不使用调节，相应地减弱辐辏作用，可诱发眼位向外偏斜，形成外斜视。

（三）视力疲劳

近视眼患者调节力很好，但在近距离工作时需要过度使用辐辏力，这样破坏了调节与辐辏之间的平衡协调，导致肌性视疲劳症状。其表现为眼胀、眼痛、头痛、视物有双影虚边等自觉症状。

（四）眼球突出

高度近视眼由于眼轴增长，眼球变大，外观上呈现眼球向外突出的状态。

二、近视眼的并发症及后发症

（1）玻璃体液化、混浊和后脱离：自觉症状较为多见的是飞蚊症，患者感到眼前有黑点飘动，好像蚊子飞动。它往往伴有眼前光芒、火星闪光等感觉，尤以高度近视眼较为明显。

（2）晶体混浊。

（3）视网膜裂孔，视网膜脱离。

（4）青光眼：有人用压平眼压计调查证明，高度近视眼发生开角型青光眼的患病率比正常人高 6～8 倍。

（5）暗适应时间延长：由于高度近视眼的色素上皮细胞发生病变后必然影响视细胞的光化学的反应过程所致。

（6）白内障：近视眼眼内营养代谢不正常，使晶状体的囊膜通透性改变，晶状体营养障碍和代谢失常而逐渐发生混浊，视力逐渐减退产生并发性白内障。这种白内障发展缓慢，以核心混浊和后囊膜混浊为主。

（7）黄斑出血和黄斑变性：近视眼眼部血液供应差，视网膜缺血，视网膜产生一种新生血管生长因子，这些因子使视网膜下新生血管生长，这些新生血管管壁极薄，极易破裂出血，出血后形成黄斑出血。出血吸收后，新生血管可再破裂、再出血，多次出血后局部形成短痕，致黄斑变性，黄斑变性会永久性损害视力。

（8）斜视、弱视：近视眼可引起外斜或外隐斜，如双眼近视度数相差大于 300 度者，易引起度数深的眼外斜和弱视。

（9）后巩膜葡萄肿：变性近视眼由于眼球自赤道部向后过度延伸，后极部巩膜明显变薄，发生局限性扩张，在眼内压的作用下，巩膜膨出而形成大小不等的后巩膜葡萄肿。

四、近视的预防措施有哪些

一、养成良好的读写习惯

青少年的正确坐姿为：

头正：书写时头摆正，不能向左或向右偏，并略向前倾，眼睛距书本一尺（大约为 30cm）左右。

身直：胸挺起，背撑直，胸口离桌沿一拳（大约为10cm）左右。

肩平：两肩齐平，不能一边高，一边低。

臂开：两臂自然张开，左手五指伸开按纸，右手书写。

足安：双脚自然平放在地上，两脚之间的距离与肩同宽，脚尖和脚跟同时着地。

看书、写字时间不宜过久，持续1小时后要有10分钟的休息。眼睛向远眺，多看绿色植物，做眼保健操。

正确坐姿

二、改善照明条件

写字、读书要有适当的光线，看书写字时最合适的光线为自然光线。自然光线有两种：一种称为散射光线，最适合于看书、写字，因为光线照得均匀、柔和，眼睛不容易疲劳。另一种称为直射光线，光线强烈、耀眼，不适合看书、写字。一般白天看书，多采用自然散射光线，桌子应放在室内采光最好的地方，并打开窗帘，使桌面上有足够的光照度。但不要使太阳光直射到桌面上。光线最好从左边照射过来。不要在太暗或者太亮的光线下看书、写字，减轻学生负担，保证课间10分钟休息，减轻视力疲劳。

晚间，家庭里多采用人工照明，就是普通钨丝灯泡、日光灯、蜡烛、油灯等。一般的电灯、日光灯虽然没有自然光线好，但是，它可以根据工作、学习的需要，随意调整光线的强度和方向。灯光的强度，一般台灯普通钨丝灯泡需 25W，日光灯管需要 8W，$12m^2$ 左右的房间吊灯需要（20~40）W。另外还要注意灯与书本的距离。比如使用较大瓦数的日光灯，如果悬挂过高，桌面上的光照度同样达不到要求，反之，安装一瓦数低的台灯，只要距书本近一些（一般不要超过（60~70）cm），同样可以达到较好的光照度。

不同瓦数的日光灯距离桌面的参考距离：8W 日光灯应距离桌面 50cm；15W 应距离 75cm；20W 应距离 100cm。白炽灯 15W 应距离桌面 30cm；25W 应距离 50cm；60W 应距离 100cm。

三、桌椅的合理搭配

桌椅高度影响视力。卫生部 1988 年发布的《学校课桌椅卫生国家标准》，确定了 9 类不同身高的学生使用的桌椅高度标准。如果课桌高而椅子低，极易造成小学生用眼距离不足，很可能导致学生因超近用眼患上近视眼疾。长期用眼太近是我国学生高发近视眼病的主要原因之一。在学生成长的同时，学校也要根据学生身高，合理配置课桌椅。由于学生身高有差距，因此每个班级要保证至少有两种以上不同高低型号的课桌椅。如果班级配备的是可调试课桌椅，班主任要根据学生身高，及时调节课桌椅高度，并且每月调换一次座位。根据教室采光照明情况和学生视力变化情况，学校每月可调整一次学生座位。保证教室内所有学生合理的用眼距离，教室前排课桌前缘与黑板应有 2m 以上距离，后排课桌后缘与黑板的水平距离：小学不超过 8m，中学不超过 8.5m。

四、确保户外活动

户外活动时，眼睛会自动调节去看不同距离的东西，远近交替地用眼，使眼睛的睫状肌得到调节，不会感到疲劳，可以很好地保护视力。此外，紫外线能激发大脑释放化学物质多巴胺，进而防止眼球变形。争取每周爬山或去植物园活动一两次，在增强体质的同时，使孩子们的眼睛得到充分的放松和休息。青少年在假期多参加户外活动，尤其是体育锻炼，其对预防近视，或者缓解眼部疲劳是一个极佳的帮助。根据美国一项研究报道显示，参加户外活动可以使孩子多看远处事物，这有助于防止近视的形成，此外，户外阳光可使孩子瞳孔收缩，加大眼睛的聚焦力，看到的事物更清晰，从而起到预防近视的效果。

五、保证充足的睡眠

以前，人们很少注意睡眠时间与近视眼的关系，实际上近视眼的发生确实与睡眠时间不足有密切关系。眼科专家的研究表明，眼睛局部交感神经和副交感神经的功能失去平衡，是近视眼形成的病理基础。如果小孩长期睡眠不足，就会引起全身植物神经功能紊乱，而全身植物神经功能紊乱必然会影响眼睛局部的交感与副交感神经，从而引起眼睫状肌调节功能紊乱，导致近视眼的形成。小学五六年级、初中三年级以及高中的高年级是近视眼的高发期，此时青少年往往因为功课过多而影响睡眠。长时间缺乏睡眠，眼睛的调节功能就会出现异常，从而导致近视眼的发生。目前，眼科专家已经把睡眠不足列为造成青少年中、低度近视的首要原因。保证良好的睡眠不仅可以精力充沛，更重要的是，充足的睡眠可以调节身心健康，特别使奋战在"第一线"的眼睛得到很好的休息，这样才能保证它更好地工作。充足的睡眠有助于保护视力，儿童近视与睡眠不足有很大的关系，因为睡眠不足可引起全身植物神经功能紊乱，进而使眼睛局部的交感神经失去平衡，从而引起眼睫状肌调节功能紊乱，导致近视。因此，在身体发育期保证孩子有充足的睡眠，是预防近视的一个重要措施。预防近视眼保证睡眠充足很重要，由于眼睛的发育以及视力的调节主要是受到植物神经的支配，当植物神经出现了功能紊乱的时候，眼内睫状肌就会出现异常的收缩，导致眼轴变长，从而出现了近视。现在，北京某些眼科专家认为，眼部的植物神经，就是交感以及副交感神经的功能的失调，是造成近视眼的病理的基础。引起眼部植物神经功能紊乱的主要因素，就是缺乏睡眠的时间。因为眼睛实质上是大脑组织的延伸的部分，所以大脑得不到充分休息就必然会影响到眼睛的健康发育。

六、合理的饮食结构

良好合理的饮食习惯有助于眼睛健康。眼睛是人体中结构复杂、异常精密的重要器官。保持眼睛的正常机能及正常工作时，需要消耗许多微量元素，这些微量元素如果得不到及时补充，就会使眼睛出现各种异常现象。

维生素 A：富含维生素 A 的食物对眼睛也有益，缺乏的时候，眼睛对黑暗环境的适应能力减退，严重的时候容易患夜盲症和干眼病。维生素 A 的最好来源是各种动物的肝脏、鱼肝油、奶类和蛋类，而植物性的食物，比如胡萝卜、苋菜、菠菜、韭菜、青椒、红心白薯以及水果中的橘子、杏子、柿子等都富含胡萝卜素。

维生素 B_1：如果人体内缺乏维生素 B_1，不但会引起胃、肠等消化系统的功能减弱，出现食欲减退、疲倦、四肢无力等现象，还会造成眼睛的视神经系统抵抗力明显减弱，出现视神经炎等症状，影响视力。含维生素 B_1 较丰富的食物有各种绿叶蔬菜、豆制品、瘦肉及各种海产品。

维生素 B_2：不少人在季节转换之际，出现不明原因的眼睛干燥、眼睑发炎、结膜炎等症状，就是人体在适应季节转换时，出现暂时性代谢紊乱，使体内缺少了维生素 B_2 的结果。含维生素 B_2 较丰富的食物有牛奶制品、乳酪、瘦肉类、鸡蛋黄、各种绿色蔬菜及各种海产品。

维生素 C：维生素 C 是组成眼晶状体的成分之一，如果缺乏维生素 C 就容易患水晶体浑浊的白内障病。含维生素 C 丰富的食物包括各种新鲜蔬菜和水果，其中尤其以青椒、黄瓜、菜花、小白菜、鲜枣、生梨、橘子等含量最高。

钙：钙具有消除眼睛紧张的作用，含钙质较丰富的食品有各种奶制品、各种豆制品，含蛋白质较多的食品及各种鱼制品。烧排骨汤、松鱼糖醋排骨等烹调方法可以增加钙的含量。

平衡体内酸碱度：正常人的体质酸碱度基本上是平衡的，酸度相对增加会使眼睛的角膜、睫状肌、巩膜等随之产生轻微的变化，容易增加患近视眼的机会。要酸性、碱性食物都进食，碱性食物多为各种豆类和豆制品、绿色蔬菜、萝卜、芝麻及海带等各种海菜食品。酸性食物多为糖类食品及鱼、肉、奶类食品和水果等。

合理良好的饮食习惯不仅对身体有益，对眼睛的健康也十分重要。偏食会造成许多眼病。希望广大青少年不挑食，不偏食，促进眼睛的健康成长。

七、长期做眼保健操

眼保健操是一种群众性的运动项目，它可以提高人们的眼保健意识，调整眼及头部的血液循环，调节肌肉，改善眼的疲劳。眼保健操是根据祖国医学推拿、经络理论，结合体育医疗综合而成的按摩法。它通过对眼部周围穴位的按摩，使眼内气血通畅，改善神经营养，以达到消除睫状肌紧张或痉挛的目的。实践表明，眼保健操同用眼卫生相结合，可以控制近视眼的新发病例，起到保护视力、防治近视的作用。

眼保健操图解

第一节：按揉攒竹穴。

第二节：按压睛明穴。

用双手大拇指螺纹面分别按在眉毛内侧边缘凹陷处两侧穴位上，其余手指自然放松，指尖抵在前额上。随音乐口令有节奏地按揉穴位，每拍一圈，做四个八拍。

第三节：按揉四白穴。

用双手食指螺纹面分别按在两侧穴位上（眼角内侧半个手指处），其余手指自然放松、握起，呈空心拳状。随音乐口令有节奏地上下按压穴位，每拍一次，做四个八拍。

第四节：按揉太阳穴，刮上眼眶。

先把左、右食指和中指并拢对齐，分别按压在鼻翼上缘的两侧，然后食指不动，中指和其他手指缩回呈握拳状，大拇指抵在下颌凹陷处，其余手指自然放松、握起，呈空心拳状。随音乐口令有节奏地按揉穴位，每拍一圈，做四个八拍。

用双手大拇指的螺纹面分别按在两侧太阳穴上，其余手指自然放松，弯曲。伴随音乐口令，先用大拇指按揉太阳穴，每拍一圈，揉四圈。然后，大拇指不动，用双手食指的第二个关节内侧，稍加用力从眉头刮至眉梢，两个节拍刮一次，连刮两次。如此交替，做四个八拍。

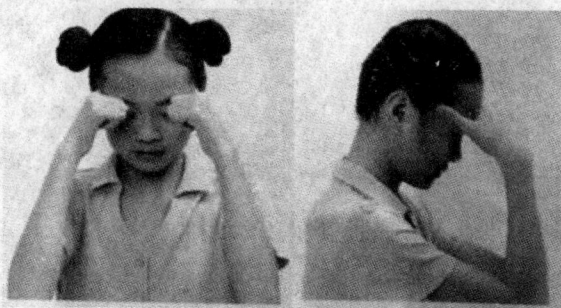

第五节：按揉风池穴。

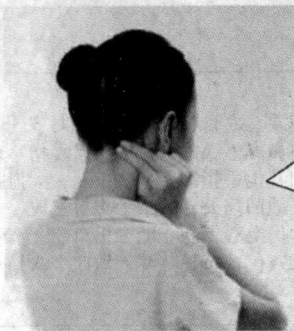

用双手食指和中指的螺纹面分别按在两侧穴位上（后颈部，后头骨下，两条大筋外缘陷窝中，相当于耳垂齐平），其余三指自然放松。随音乐口令有节奏地按揉穴位，每拍一圈，做四个八拍。

用双手大拇指和食指的螺纹面捏住耳垂正中的眼穴，其余三指自然并拢弯曲。伴随音乐口令，用大拇指和食指有节奏地揉捏穴位，同时用双脚全部脚趾做抓地运动，每拍一次，做四个八拍。

第六节：揉捏耳垂，脚趾抓地。

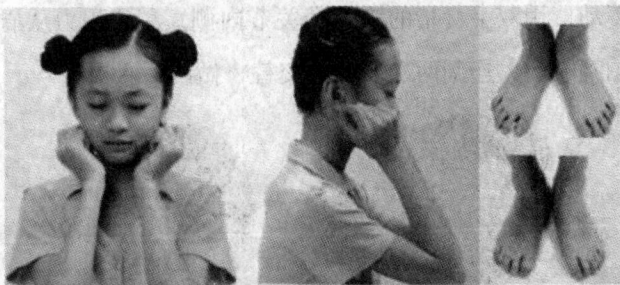

眼保健操总要领歌

指甲短，手洁净。遵要求，神入静。穴位准，手法正。力适度，酸胀疼。合拍节，不乱行。前四节，闭眼睛。后两节，双目睁。眼红肿，操暂停。脸生疖，禁忌症。做眼操，贵在恒。走形式，难见功。

八、适度看电视

随着人们生活水平的提高，电视在城乡越来越普及，看电视成为人们生活中必不可少的内容。丰富多彩的电视节目给人们带来了愉悦欢乐，扩大了视野，丰富了知识，但随之也给人们带来了新的健康问题，尤其是对青少年眼睛的危害最为严重。

　　长时间看电视而导致眼睛疲劳、视力下降等眼睛疾病的患者明显增多，其中多数为青少年，有的是不到 10 岁的孩子。一项全国学生体质健康调查结果也表明，小学生的近视发生率为 22.78%，中学生为 55.22%，其中高中生为 70.34%，大学生则为 76.74%。青少年中近视大军正在不断壮大，原因是多方面的，其中看电视、电脑用眼过度是重要原因之一。人类的眼睛是在自然光下发育成长的。青少年时期，眼球正处于生长发育阶段，眼睛的过度疲劳，会产生睫状肌痉挛而产生假性近视。当这个疲劳延续下去，假性近视就发展为真性近视，甚至变成病理性近视。这也是俗称电视眼系列症状中最典型的一种。

　　眼睛属于人体对电磁辐射的敏感器官，过高的电磁辐射污染会对视觉系统造成影响，主要表现为眼睛疲劳、干涩、视力下降，有的可引起白内障、青光眼等，这与电视图像频繁跳动，加上人们在看电视时精力高度集中而导致瞬目（眨眼）次数减少有密切的关系。当人们注视电视画面时，眼睛的眨眼次数会在无形中减少，从而减少了眼内润滑剂和泪液的分泌，同时眼球长时间暴露在空气中，使水分蒸发过快，造成眼睛干涩疲劳，严重的甚至会损伤角膜。另外，电视的电磁波及各种彩色视线等也会刺激眼睛，引起眼睛干涩、疲劳、重影、视力模糊甚至头颈疼痛等。有人曾做过实验，连续看（4~5）h 电视，视力会暂时减退 30%，过一段时间后才能恢复。如果连续长时间看电视，视力得不到恢复，便形成长期性的视力减退。尤其是看液晶显示屏或彩电，虽然辐射较小，但由于亮度过高，更容易使眼睛疲倦，视力衰退更快。"电视眼"的症状会更加明显。

（一）电视对眼睛危害

　　研究发现，长时间看电视画面，人眼眨眼次数减少，且不断调整焦距以保证视物清晰，致使眼部肌肉调节痉挛，眼睛的调节能力下降、调节速度迟缓，从而引发眼睛干涩、疲劳、重影、视力模糊等视觉疲劳症状，甚至出现头昏、恶心、呕吐、肢体血液循环不畅等并发症。长时间看电视更会造成视力减退。人眼的视网膜内有一种柱状的视杆细胞，在夜晚或暗光下能看见东西就是它的作用。若长时间看电视，就会使视杆细胞加速传递，将消耗其大量的感光物质——视紫红质，造成视力暂时性减退。儿童的眼睛相对成人更为脆弱，视紫红质的大量消耗会引发弱视甚至永久近视。即使是视力 2.0 的人，连续 4 个小时看电视，视力也会减半，变成1.0。"电视看太多 = 近视"虽然有点言过其实，但每天增加眼睛的负担，造成视力减退，却是不可否认的事实。此外，成长、发育期的孩子，如果太长时间看电视而运动不足，也会变成容易罹患近视的虚弱体质及肥胖儿。长时间看电视对饮食影响甚大，适合小孩子收看的节目，多半在晚餐前播出，因此，小孩会守在电视前舍不得离开。这时因肚子又有点饿，于是会拿果汁、饼干来吃，结果造成晚餐吃不下，而糖分又摄取过多。此外，长时间看电视造成运动不足。发育中的小孩，不能光是待在家里一直看电视，而要多玩耍以消耗体力，适度的饥饿感会促进食欲，使孩子更有元气。长时间看电视会影响学业，看电视太久了，眼睛容易疲劳，学习就不易集中精神，成绩就会下降。

（二）注意六个因素可有效防止电视伤害眼睛

如何在享受电视带给我们欢乐的同时，又保护我们的眼睛不受伤害呢，尤其需要从以下六个方面加以注意。

（1）电视机的位置和距离要适当。电视机的放置要尽可能放在光线比较柔和的角落，高度也要适当，不要太高或太低，电视机的屏幕中心最好和眼睛处在同一水平线上或稍低一些。一般来说，电视机和人的距离应该是屏幕对角线的 4~6 倍较为合适。

（2）电视机的对比度和房间的亮度要合适。电视机的对比度太大，光线亮度不均匀，尤其是动态清晰度不高，这导致视力更为集中，容易引起眼睛疲劳。对比度太小，图像色彩不分明，色彩、色温不稳定，也不容易看清楚。看电视时，屋子里的光线不要太暗，也不要太亮，可以在屋子里开一盏柔和的小灯，这样眼睛就不容易疲劳了。

（3）频道更换不要过于频繁。据研究人员一项最新的调查显示，看电视换台的瞬间，是对眼睛刺激最大的时候，因为多数电视在换台的一瞬间，会出现黑屏和突然变亮的情况，此时光线骤变，会对眼睛造成一定的刺激，换台过于频繁，更容易导致眼睛疲劳。在电视更换频道之前，最好先闭上眼睛，或者在换台后多眨几下眼，因为这样可刺激眼睛泪腺的分泌或锻炼眼睛周围的肌肉，避免眼睛疲劳。

（4）看电视的时间不宜过长。有些老年人在家没什么事情，又不爱活动，坐在电视机前消磨时间，一看就是几个小时；小孩子爱看动画片，有的甚至连饭都顾不上吃；有的因工作需要白天在班上长时间盯在电脑前的年轻白领人群，晚上继续坐在电视前盯着彩电屏幕看连续剧几个小时，长此以往会给眼睛造成伤害。医疗专家提醒，一定要控制看电视的时间，尤其是青少年，最长不要超过 2 个小时。在观看过程中，要有意识地多眨眨眼睛，增加泪液的分泌，改善眼角膜的湿润度。或在广告节目的间隙，站起来向远处眺望一会儿，避免眼睛过度疲劳。同时，饮酒后最好不要看电视，因饮酒本身就容易对眼睛造成一些疾患，酒后再看电视等于火上浇油，对视力损伤更大。

（5）不要在旅游车或公交车上看电视。现在很多旅游车、公交车上都有电视，便于乘客在乘车过程中打发无聊的时间。由于汽车行驶震动和车身空间有限，在车上看电视的距离和角度等都不理想，在距离和角度不当的条件下看电视，容易伤害眼睛。加上汽车在行驶过程中经常会出现较大的颠簸和摇晃，电视屏幕也会随车厢一起颤动，为了看清屏幕上的图像和字幕，睫状肌就要被迫不停地调节，易产生视觉疲劳，出现眼睛胀痛，视力模糊，甚至头痛、胸闷、恶心等不适。因此在旅游车、公交车上，最好不要长时间盯着电视屏幕看。可以看一会儿，再闭上眼睛休息一会儿，或是看看车窗外的景色，让眼睛充分放松。

（6）注意合理饮食。适度吃些富含维生素 A、E 的食物，如西红柿、胡萝卜及鸡肝、猪肝等。平时可多吃些新鲜蔬菜和水果，因为里面含有较多的维生素 C，可能增强一定的抗辐射作用，对保护眼睛有一定作用。在中药里，当归、白芍等可以补血，菊花、枸杞、决明子则有明目之功效，经常用眼的人可以将其泡水代茶饮。如果感觉眼睛疲劳或干涩，也可以滴些人工泪液，增加眼睛的润滑；如果视力低于 5.0，确诊为真性近视时，应及时配戴合适的眼镜加以矫正，正确配戴矫正眼镜可减缓视力疲劳现象，还可预防隐性外斜、弱视等其他眼病的发生。若已配戴眼镜的学生应在 3~6 个月左右检查一次视力，若度数不合适就应及时调整，从而保证良好的视力。

九、操作电脑时对眼睛的保护

（一）长期使用电脑对身体的危害

随着电脑使用者的增多，电脑和健康的问题已引起人们的关注。据调查，常用电脑的人中感到眼睛疲劳的占 83%，肩酸腰痛的占 63.9%，头痛和食欲不振则占 56.1% 和 54.4%，其他还出现自律神经失调、忧郁症、动脉硬化性精神病等等。

长期使用电脑会造成视力下降。使用电脑时，眼睛要经常盯着屏幕看，显示器的亮度、电磁波的辐射、荧光屏闪烁和反光都会引起视觉疲劳。如果采取不正确的操作方式，或者眼睛在屏幕、键盘、文件上移来移去，则更会加快眼睛的疲劳，使眼睛感到酸涩、模糊，久而久之，就会造成视力下降。长期使用电脑还会引起腰酸肩痛。使用电脑一般采用坐姿操作，操作电脑具有高度重复性，且大部分集中于键盘及鼠标操作。长期处于这种情况下，容易出现局部性骨骼肌肉系统的疲劳和负担，如肩膀、手部与手腕、上臂及背部与头部等，出现疲劳、酸痛、麻木甚或僵硬，有时还容易引起多种并发症，如关节炎、肌腱发炎等。

（二）长期使用电脑应注意的问题

电脑可以说是造成现代人眼睛不适的最大原因了，因为长期处于计算机屏幕之前，眼睛容易酸涩、干燥、疲劳、充血，眼眶四周会有紧绷、胀痛感，甚至引起肌肉紧张性疼痛，颈背肌肉也因长久维持同一姿势而酸痛，手腕则因敲键盘而可能罹患腕管综合征，身体过度接近屏幕而易暴露在电磁辐射的污染之下。如果要防止受到伤害，必须做到"内外兼修"，内者改变自己的用眼习惯，外者改良外在的环境。

1．环境篇

良好的电脑使用环境，对保护眼睛也很重要。电脑房间要经常通风。安装了空调的房间要注意经常换气，因为大量二氧化碳会使人头昏、头痛。电脑不应对着窗户或背着窗户放，周围环境的光线要柔和；电脑显示器的亮度要调节合适；使用电脑的房间最好装上百叶窗和窗帘。电脑室最佳温度为21℃、湿度为60%。提倡在室内放置一些绿色植物，这样不仅可以保持室温，还可以补充室内氧气。室内照明光线不要直接反射至荧光屏上，亮度要比平常用的暗一些。将需要阅读的文件放在与荧光屏同样高度和距离的地方，不用过于频繁地在两个物体间移动焦距。

2．显示器篇

（1）调节屏幕颜色。桌面→右键→属性→外观→高级→项目选择（窗口）、颜色1（L）选择（其他）将色调改为85；饱和度为123；亮度为205→添加到自定义颜色→在自定义颜色选定点确定→确定这样所有的文档都不再是刺眼的白底黑字，而是非常柔和的豆沙绿色。

（2）调整显示器的亮度。显示器亮度过暗，瞳孔放大，易造成眼睛疲劳，宜调整显示器的明亮度为整个房间照明的3～4倍。其次，显示器上的字看起来应该清晰、稳定，宜通过调整电脑显示器的刷新频率将闪烁不定的情形减至最低程度。此外，还要调整字迹明亮对比，荧光屏上的字应比底色亮上5～10倍。不要一直使用同一种底色，因为长时间注视同样的色彩也可使人产生视觉疲劳。

（3）每注视显示器一两分钟，就应眨眼至少 1 次。每在显示器前工作一小时，要休息（10～15）min。休息的含义是远望 6m 以外物体，尤其不断运动的远处物体更好。

（4）电脑显示器是电脑使用者要经常面对的，所以显示器光源的合适与否是至关重要的。因此，可依个人习惯选择一个适合的显示器。为了减少辐射也可以考虑使用 LCD（液晶显示器）。一般来讲显示器的辐射主要来源于显示器背面电子元件辐射，因此不建议办公桌以面对面或者前后顺序摆放，以免显示器背面对人，造成对他人的辐射伤害。

3. 刷新率篇

显示器刷新率的高低和眼睛也有很大的联系。低刷新率会使眼睛很快疲劳，无法长时间工作，一般来说，85Hz 以上对人眼的伤害较小。一些名牌显示器，在安装好驱动程序后就可以在"显示属性"的"设置"页中点击"高级"按钮，然后在"适配器"中设置刷新率，如果显示器能够承受，设置得越高越好。但是一些显示器的驱动程序或显示器本身无法支持较高的刷新率，所以一般用户的刷新率设置在 75Hz 即可。以免调高后屏幕被刷成黑屏，影响使用。

4. 自身防护篇

上网虽不致如临大敌，但对厉害的电磁辐射还是应做足面部功夫。屏幕辐射产生静电，最易吸附灰尘，长时间面对面，更容易导致斑点与皱纹。因此上网前不妨涂上护肤乳液后加一层淡粉，以略增皮肤抵抗力。上网结束后，第一项任务就是洁肤，用温水加上洁面液彻底清洗面庞，将静电吸附的尘垢通通洗掉，涂上温和的护肤品。久之可减少伤害，润肤养颜。这对上网的女性真可谓是小举动大功效。如果你不希望第二天见人时双目红肿、黑眼圈加上面容憔悴，切勿长时间连续作战，尤其不要熬夜上网。平时准备一瓶滴眼液，以备不时之需。上网之后敷一下黄瓜片、土豆片或冻奶、凉茶也不错。其方法：将黄瓜或土豆切片，敷在双眼皮上，闭目养神几分钟；或将冻奶凉茶用纱布浸湿敷眼，可缓解眼部疲劳，营养眼周皮肤。对经常上网的人，增加营养很重要。维生素 B 对脑力劳动者很有益，如果睡得晚，睡觉的质量也不好，应多吃动物肝、新鲜果蔬，它们富含维生素 B 族；肉类、鱼类、奶制品增加记忆力；巧克力、小麦面圈、海产品、干果可以增强神经系统的协调性，是上网时的最佳小零食。此外，不定时地喝些枸杞汁和胡萝卜汁，对养目、护肤功效显著。如果你在乎自己的容貌，就赶紧抛弃那些碳酸饮料，而改饮胡萝卜汁或其他新鲜果汁。长时间上网，你可能会感觉到头晕、手指僵硬、腰背酸痛，甚至出现下肢水肿、静脉曲张。所以，平时要做做体操，以保持旺盛精力，如睡前平躺在床上，全身放松，将头仰放在床沿以下，缓解用脑后脑供血供氧之不足；垫高双足，平躺在床或沙发上，以减轻双足的水肿，并帮助血液回流，预防下肢静脉曲张；在上网过程中时不时伸伸懒腰，舒展筋骨或仰靠在椅子上，双手用力向后，以伸展紧张疲惫的腰肌；做抖手指运动，这是完全放松手指的最简单方法。记住，此类体操运动量不大，但远比睡个懒觉来得效果显著。

　　具体来讲：不要长时间持续使用电脑。通常每 1 小时就需要休息 10 分钟，在休息时可进行望远或做眼保健操；观赏绿色植物有利于放松眼部肌肉；点眼药水也能在一定程度上防止眼部干涩，保持眼睛湿润。眼睛与屏幕之间应保持 50cm 以上的距离，最好采用下视 20° 的视角。对文稿录入人员来说，应减小文稿和电脑显示器屏幕间的距离，降低眼睛因不停转换目标而引起的疲劳。在使用电脑时应多眨眼，以增加眼内润滑剂和酶的分泌，保持眼睛湿润。常洗脸可以减小电脑辐射的伤害。每天饮用绿茶。茶可改善机体造血功能，能增强人体的免疫能力，减少辐射影响。多吃一些新鲜的蔬菜和水果，可以预防角膜干燥、眼干涩、视力下降甚至夜盲症等眼病。如果出现眼睛不适，经过长时间休息都不能解除症状者，则须及时就医检查。

丰富多彩的互联网世界，给我们带来了我们需要的信息及工作与生活的快乐。如果我们的眼睛没有保护好，就不能尽情享受现代高科技的便利与发展。面对一个近在咫尺的丰富网络世界，而不能接近它，对于一个现代人来说，实在是一种难以忍受的痛苦折磨。

五、近视患者可采取哪些措施保护视力

得了近视就应配戴眼镜，有的学生或家长认为眼镜越戴度数越深，不愿让孩子戴眼镜，其实这种思想是错误的。我们提倡戴框架眼镜，儿童青少年调节力强，在配眼镜之前一定要充分散瞳，即一定要散瞳验光，配戴度数合适、镜片质量合格的眼镜。配镜时还应该根据瞳距和验光情况，选择大小合适的镜架。切记儿童青少年不宜戴隐形眼镜（又称为角膜接触镜），角膜接触镜对卫生条件要求高，需要严格的清洁操作，护理工作烦琐，需要一定的操作技巧，久戴容易造成慢性结膜炎，配戴不适容易造成角膜炎，儿童相对难以掌握。因此儿童青少年最好不要戴隐形眼镜，以免引起不必要的并发症。

少年学生如果不注意保护视力，容易造成近视。这是因为眼睛在看5m以外的目标时，平行光线恰好在视网膜上成像，而能清晰地辨认远处目标。若看5m以内的物体时，眼睛就必须增强屈光力，这时眼内的睫状肌收缩，晶状体变凸，使物像仍能成像在视网膜上，眼睛的这种自动调节由远看近的能力称为调能作用。目标愈近，使用的调节力愈大。如果青少年长期不适当读书、写字或照明不足等因素，使睫状肌经常处于收缩状态，变凸的晶状体不易松弛，这时，远处平行光线进入眼内，经过变凸的晶状体较强的屈折后，其焦点就不再落在视网膜上，而落在视网膜前面，看东

西模糊不清，医学上称为假性近视。因为眼球前后径并没有加长，眼球结构并未发生变化，仅仅是生理机能的改变，所以，一般不要配戴眼镜。经过及时治疗和注意保护，使睫状肌放松，视力可以恢复正常。如在假性近视阶段不引起重视，继续发展下去，眼球的前后轴变长，这时眼球的结构发生改变，即成为真性近视，就必须用配戴眼镜来矫治。

　　孩子得了近视眼，应到医院检查，诊断为假性近视，不要配戴眼镜，因为还是功能阶段，经过适当治疗，视力有恢复的可能。如果过早地戴上眼镜，可能把所配近视的度数固定下来，变成真性近视或造成人工远视，增加眼睛的疲劳感觉。一般新得的近视，或视力在 0.7 以上，经医生检查证实为近视一百度以内者，可暂时不配戴眼镜。因为这样的视力并不影响孩子的学习，可以避免假性近视误为真性近视和减轻调节功能的负担。假性近视如果通过矫治，视力增进不明显，同时对学习有影响，应配戴近视眼镜。配镜时，一定要经眼科医生和验光师做散瞳验光。不要借用他人的眼镜戴用或随便买一副现成眼镜戴上，因为度数不对会增加调节负担。轻度近视（300 度以内）可以在上课或看远时戴用眼镜，度数较深的近视，则应长期戴用，以免度数加深。在戴镜的同时还应认真注意用眼卫生，特别要做到避免"两长一短"和"两多一少"（即每天学习时间长，持续用眼时间长，睡眠时间短；作业多，考试多，课外活动少）。晚上在家里做作业时还应有良好的照明和合适的桌椅。平时要多吃蔬菜和水果，也不要在运行的车辆上阅读书籍，并定期检查视力。如果发现视力减退或不足1.0，应查明原因及时给予矫治。

　　一、假性近视的治疗

　　假性近视是由于眼睛在看远时，仍保持着一定程度的调节状态。也就是说，这是眼在由看近转为看远时，眼调节放松迟缓的屈光状态，它随同看近的时间延长和调节度的增加而增加，随着看远和调节放松的程度而减轻或消失。所以假性近视具有治（含休息）则消失，不治又可复发，各种方法可能都有一定效果，但所有效果都不能持久的特点。因此，在治疗时应根据下列原则择优选用：①对眼无害，即使长期应用对视觉发育亦无影响。②因为假性近视可以自行好转，故所用方法要有科学根据，并用客观法证明确有放松调节作用，只凭视力提高评定疗效是不可靠的。③简便易行，可以大面积推广。对假性近视眼的治疗有以下几种方法：

（一）穴位按摩疗法

穴位按摩疗法也就是眼保健操，它是根据造成近视眼的原因，综合祖国针灸医学、经络、穴位按摩等方法设计而成的。主要是对睛明、攒竹、太阳、风池、四白等穴位进行按摩，通过按摩穴位，疏通经络，调和气血，使眼部调节痉挛和集合紧张得以缓解，达到治疗和预防近视之作用。

（二）针灸疗法

针灸疗法是选用太阳、攒竹、承泣等穴位并配合风池，翳明等穴位进行针灸，每次选用 1 ~ 2 个主穴及配穴，每日一次，20 ~ 30 天为一疗程。

（三）电刺激疗法

电刺激疗法选用以上穴位，连接电刺激治疗仪，进行间断或连续性电刺激，每日一次，每次（10 ~ 15）min。12 次为一疗程。

（四）扩瞳药物治疗

扩瞳药物治疗方法是用 1% 阿托品或 2% 后马托品眼液点眼，一日一次，连续三天。这类药物可使睫状肌麻痹，因而对假性近视有明显的治疗效果。

（五）解痉药物治疗

目前有人主张用 0.25% 双星明眼液，每日滴眼一次，这类药物主要是使睫状肌痉挛放松，从而达到治疗近视的目的，但疗效较慢。

（六）雾视法

雾视法又分为远雾视和近雾视两种。A、近雾视法：是用 + 1.0 ~ +

1.5D的凸透镜，在看书写字时配戴，可减少看近的过度调节。B、远雾视法：是用＋3.0D的凸透镜注视远处，让眼调节充分放松。

（七）近视治疗仪法

利用近视治疗仪中图像距离的远近变换，锻炼睫状肌的功能，以增强眼睛的调节机能。

其他还有理疗，如磁珠的耳穴压埋、耳针、气功疗法等，这些方法主要是由于提高了视中枢及视神经细胞的兴奋性，近期内可有提高视力的作用。

其实在平时我们就可以锻炼我们的眼睛，其原理就和近视治疗仪利用图像距离的远近变换，锻炼睫状肌的功能相似，只不过我们根本不需要使用任何仪器就能达到其目的。在平时我们看东西时只是被动地去看物体，如果我们能像照相机一样主动调节焦距去看物体，那我们近视的几率就会大大下降。

二、真性近视的治疗

（一）非手术治疗近视

对于近视病人而言，佩戴框架眼镜是当前最普遍的解决方法。但是，戴眼镜会影响人的外观，在一些场合下不大适合戴镜；鼻子、耳朵甚至面颊因受镜架的压迫而时感不适。诸如此类的不便，让许多眼镜族颇为烦恼。可以通过以下调节眼睛视力的方法降低眼镜的度数：

1. 远方凝视

找一处10m以外的草地或绿树，绿色由于波长较短，成像在视网膜之前，促使眼部调节放松、眼睫状肌松弛，减轻眼疲劳。不要眯眼，也不要总眨眼，排除杂念、集中精力、全神贯注地凝视25s，辨认草叶或树叶的轮廓。接着把左手掌略高于眼睛前方30cm处，逐一从头到尾看清掌纹，大约5s。看完掌纹后再凝视远方的草地或树叶25s，然后再看掌纹。10分钟时间反复 20 次，一天做三回，视力下降厉害的要增加训练次数。

2. 晶体操

转眼：双手托腮，让眼球按上、下、左、右的顺序转动 10 次，接着再逆时针、顺时针各转动 10 次。找一幅 3m 外的景物（如墙上的字画等），同时举起自己的左手距眼睛略高处伸直（约为 30cm），看清手掌手纹后，再看清远物，尽量快速地在二者间移动目光，往返 20 次。

3. 推拿操

采取坐式或仰卧式均可，将两眼自然闭合，然后依次按摩眼睛周围的穴位。要求取穴准确、手法轻缓，以局部有酸胀感为度。

（1）揉天应穴：用双手大拇指轻轻揉按天应穴（眉头下面、眼眶外上角处）。

（2）挤按睛明穴：用一只手的大拇指轻轻揉按睛明穴（鼻根部紧挨两眼内眦处）先向下按，然后又向上挤。

（3）揉四白穴：用食指揉按面颊中央部的四白穴（眼眶下缘正中直下一横指）。

（4）按太阳穴、轮刮眼眶：用拇指按压太阳穴（眉梢和外眼角的中间向后一横指处），然后用弯曲的食指第二节内侧面轻刮眼眶一圈，由内上→外上→外下→内下，使眼眶周围的攒竹鱼腰、丝竹空、瞳子寥、球后、承泣等穴位受到按摩。对于假性近视、或预防近视眼度数的加深有好处。

4. 保护视力小方法

（1）转眼法。

选一安静场所，或坐或站，全身放松，清除杂念，二目睁开，头颈不动，独转眼球。先将眼睛凝视正下方，缓慢转至左方，再转至凝视正上方，至右方，最后回到凝视正下方，这样，先顺时针转 9 圈。再让眼睛由凝视下方，转至右方，至上方，至左方，再回到下方，这样，再逆时针方向转 6 圈。总共做 4 次。每次转动，眼球都应尽可能地达到极限。这种转眼法可以锻炼眼肌，改善营养，使眼灵活自如，炯炯有神。

（2）眼呼吸凝神法。

选空气清新处，或坐或立，全身放松，两眼平视前方，徐徐将气吸足，眼睛随之睁大，稍停片刻，然后将气徐徐呼出，眼睛也随之慢慢微闭，连续做9次。

（3）熨眼法。

此法最好坐着做，全身放松，闭上双眼，然后快速相互摩擦两掌，使之生热，趁热用双手捂住双眼，热散后两手猛然拿开，两眼也同时用劲一睁，如此3～5次，能促进眼睛血液循环，增进新陈代谢。

（4）洗眼法。

先将脸盆消毒后，倒入温水，调节好水温，把脸浸入水里，在水中睁开眼睛，使眼球上下左右各移动9次，然后再顺时针、逆时针旋转9次。刚开始，水进入眼里，眼睛难受无比，但随着眼球的转动，眼睛会慢慢觉得非常舒服。在做这一动作时，若感到呼吸困难，不妨从脸盆中抬起脸来，在外深呼吸一下。此法，能洗去眼中的有害物质和灰尘，还对轻度白内障有效，并能改善散光、远视、近视的屈光不正程度。

（二）手术治疗近视

随着科技和医学的发展，准分子激光手术也有了很大的进步。从20世纪90年代开始，准分子激光手术已经发展出不同的手术方式，这些手术方式越来越先进，也使做过准分子激光手术的患者的术后效果越来越好。首先在选择手术治疗前须注意：第一，保证安全是首要的。专家认为这是一种锦上添花的手术，而不是雪中送炭的手术。矫正近视眼，佩戴眼镜已经足够满足生理的需要，接受准分子治疗是为了更方便、更美观等，况且手术不可逆，做了就是做了，即使不满意也不可能再恢复到没做之前。尤其是接受这种手术的基本都是年轻人，正处于开创事业之时，不慎将会影响一生的发展，千万得慎重选择。第二，选对人和选好机同样重要。有关专家称，准分子激光治疗近视的效果在以前主要取决于人的技术，人的因素可以占到90%，现在人、机因素各占一半。选对人和选好机同样重要。接受手术时一定要问清是哪位医生做手术，不要拿自己的眼睛当实验品。有些是省外的专家，可以通过网络进行查询其身份及资格。关于机器的选择，最主要是把握两点：一是对同种品牌的机器来说；新一代的机器总比旧机器好。二是选择当下先进的技术，不要选择已经落伍的技术。第三，选择有信誉的医疗机构。假如不幸手术出了问题，全国连锁的医院自然是"跑了和尚跑不了庙"，有的医疗机构很小，卷起铺盖就能走的，最好不要选择。第四，看术前检查和术后服务。准分子治疗近视并非人人都可以接受，必须经过严格的术前检查确定没有任何禁忌症才能做。假如只是听信一家之言贸然接受手术，很可能存在隐患。做完准分子手术后要定期进行眼科检查，所以不能只是看价格高低，详细比较一下各个医疗机构的术后服务内容，选择最完备和最方便实行的。

六、近视患者应当怎样选配近视镜

验光是检查光线入射眼球后的聚集情况，它以正视眼状态为标准，测出受检眼与正视眼间的聚散差异程度。由于很多人在一生中，几乎都会和眼镜结缘，因此，目前验光是眼视光学工作者最基础、最常用但又最重要的工作之一，所以就验光这一名词而言，在社会生活中，不论眼科医生，还是普通老百姓，都十分熟悉。

验光最好在早上进行，有利于验光准确度。医学验光是检查光线入射眼球后的聚集情况，它以正视眼状态为标准，测出受检眼与正视眼间的聚散差异程度。是根据患者的眼部检查、屈光状态、眼位、调节力、视功能、年龄、职业、用眼习惯等十几项诊断指标而给出的科学处方，直接关系到所配眼镜的准确性和舒适性，它需要丰富的医学、视光学知识，产生的效果不仅是看清物体，还对眼睛起到治疗和保健作用，让眼睛享受清晰和舒适的感觉。

一、医学验光流程

医学验光是指在具有扎实眼科及视光学知识的基础上，利用以检影技术为主的各种主客观的方法，寻找双眼的屈光焦点结果。新视界眼科医院表示再根据多项眼科检查的综合，正确给予处方，定配符合国家标准要求的眼镜，使戴镜者能正常发挥其双眼单视功能，从而达到既看得清楚、又看得舒服、看得持久的最佳视觉效果。专业的医学"验光配镜"是一个复杂的医疗过程，眼镜是矫正屈光疾病的一种医疗工具，决非通用商品，准确、持久、舒适、美观是评价配镜质量的标准。医学验光的内容包括验光的度数、眼位、调节力、双眼单视功能，辐辏集合功能，双眼调节平衡，主视眼的辨别，最后综合上述各种情况出具科学的验光处方，达到戴镜清晰、舒适、美观和保健的目的，同时使非手术矫正屈光不正、矫正斜视等医疗技术达到了较高水平。

医学验光的内容和步骤：

（1）眼科病史询问和一般性眼科检查。

（2）进行扩瞳验光，小瞳验光，客观验光。扩瞳验光是眼球处于调节静止状态时进行验光，适合于15岁以下的儿童或调节较强的成人。小瞳验光是在调节恢复或存在情况下进行验光，适合于对扩瞳验光结果的复查，或一般状况下的成人验光。客观验光是通过检影镜，对被检者瞳孔中的光影移动进行判断，比较客观，特别适合幼儿或扩瞳情况下的验光，通常在进行一些必要的问诊后，首先进行客观验光，因通过客观验光可以迅速知道被检者初步的屈光不正度数，为随后的主观验光奠定了良好的基础。目前常用的客观验光法主要包括电脑验光和检影验光。

（3）通过电脑验光或检影验光得出被检者初步的验光结果，并在此基础上进行主观验光。主观验光是通过被检查者戴上矫正镜片后对矫正视力的改善情况进行判断，特别适合于扩瞳验光后的复验。因客观验光不能排除调节因素影响，故客观验光结束后还要进行一系列主观验光检查，这样才能准确地查出患者的真正的屈光不正度。

（4）检查主导眼（主视眼），使戴镜前后保持一致。

（5）检查眼位，内隐斜近视低矫，远视眼足矫，外隐斜近视足矫，远视眼足矫。

（6）调节力测定，调节力是指能看得清楚近距离物体的能力。如果调节力强，近视配得浅些，远视要深些，如果调节力弱则相反。

（7）检查双眼视功能，特别是两眼度数不等时。

（8）检查散光轴向，顺规散光低矫，逆规散光或斜轴要足矫。

（9）准确测量瞳距，以保持双眼视轴中心与眼镜光学中心一致。

（10）试戴眼镜，开发处方。

大量调查，尤其是对多年配戴眼镜者调查显示：通过医学验光后配戴框架眼镜或隐形眼镜者，发生视疲劳的可能性极低，近视的屈光状态更稳定，发展缓慢或停止。

二、配镜

分为验光、挑选镜片、挑选镜架、磨光、装配。镜片材料上以玻璃、树脂为主。玻璃材料主要特点是透光率高，使用这感觉更清晰、明亮。树脂材料主要特点是轻、不易碎裂。镜架材料上以塑料、金属为主，塑料制品重量轻、不易引发过敏症状。金属制品具有坚固、耐用、不易变形等特点。磨光使用磨片机对镜片形状进行修正使之与镜架内框吻合。

（一）镜框的选择

1. 镜框的尺寸大小

如果您的近视度数较高，则镜片也比较厚，在这种情况下，一般来说验光者将会推荐给您较小尺寸的镜框，这样可以降低高屈光度，改善周边常会出现变形扭曲所带来的困扰。无论您的屈光度怎样，尺寸过大的镜框其镜片的边缘会造成扭曲的情况将会更明显，而且其形状也无法适当地与脸型达到良好的搭配。

2. 镜框的形状

根据框型划分，常见的镜架种类主要有全框架、半框架、无框架、眉毛架和组合架。尽量避免配戴与您的脸型太类似的镜框，以免造成脸部的线条被过度地强调。无框架容易与任何的肤色、脸形配合。

通常脸的形状有圆形、鹅蛋形、方形、倒三角形等。脸形决定着镜架的形状。仔细观察你的脸部，看看何处比较高，何处又比较平。选择镜架时，你应该根据面部的情况反其道而行之。例如，脸很圆的人可能就不适合再戴圆形的眼镜。不过，各种式样的镜架你都不妨试戴一下。也许你可以从中找到令你喜欢的一款。

3. 适合自身的肤色

镜架颜色的选择并无固定规则可循，人们一般将颜色分为两大类：以橙色为基调的暖色调和以蓝色为基调的冷色调。

通常，肤色较浅的人最好选择颜色较淡的镜框；肤色较深者，则选择颜色较重的镜框。举例来说：肤色较白者可以选择柔和的粉色、玳瑁壳的色泽或金银色的框；稍暗的肤色则可以选择红色、黑色或玳瑁壳的色泽。

4. 衬托自身的发型

如果您有刘海，镜框的上缘避免与您的头发接触；如果您是卷发，注意镜框不要太大以至于框缘与头发接触。

5. 与年龄相衬托

年长者镜架不宜选用冷色，板材或塑料架可选用紫红、红色，金属架可选用金、银、钛等颜色；青年人朝气蓬勃，追求时髦，镜架用色没有限制；儿童宜选用浅色的镜架。

6. 流行时尚

先考虑流行的趋势是否符合您对眼镜的需要。镜框的材质与其价位，名牌之定义。因使用的场所、个人气质、发型、肤色以及对流行的判断能力，都会有差异，如果单一地追求流行，恐怕会丧失个人风格。而且一副完善的眼镜框可以衬托出个人最佳的一面，如果纯粹为了时尚追求而忽视眼镜的完善，也影响配戴的舒适程度。

7. 可以同时准备几副眼镜

许多人现在都有眼镜"储备"。例如，您可以选择两副眼镜：一副日常使用，款式应该比较低调传统；另一副在聚会或周末时使用，可以想多酷就多酷。比较保守的款式是形状与您脸形相配的且细而明亮的金属边镜架。要让您招摇一下的镜架，可以选择扁扁的塑料框架，或者造型奇特、闪闪发亮的上光金属镜架。

（二）镜片分类

一些使用较多的镜片包括以下种类：

1. 玻璃镜片

玻璃镜片具有比其他材质的镜片更耐刮的特性，但相对的其重量也较沉，其折射率相对高：普通片为 1.523，超薄片为 1.72 以上，最高可达 2.0。

2. 高分子树脂镜片

高分子树脂镜片比玻璃镜片更轻，耐冲击不易破，可是因其硬度较低，所以比玻璃更容易有刮痕。

3. PC 镜片

还有一种材料比高分子树脂更耐冲击，常用于航空器材的透明窗户、警用面具和航天员的头盔上的面具，它大约只有玻璃的十分之一的重量，与传统的树脂镜片相比也仅只有一半的重量。

一般 PC 的镜片需要加上抗刮的保护膜之后，在使用上会足以获得更佳的时效，多数使用于小孩子的眼镜片。PC 镜片也具有一个重要的特点，那就是 PC 镜片具有隔绝有害的紫外线效果，但其缺点也包含了表面容易刮伤。

4. 双光镜片

双光镜片可以同时矫正远与近两者的视力，主要针对老花眼矫正时所需用。一般双光镜片的分配为：镜片的上部为看远处，低处的镜片用来观看近处，至于近用范围的大小，则视近用工作的性质来定。

一般平顶双光被使用的概率最高，他们仅有小的区域在镜片的底部以作为近点工作之用，至于镜片的周边与上部则用来注视远方与提供一个良好的周边视野。传统的双光镜片为一线双光的镜片，镜片由中间分为上下两部分，也就是镜片的一半以下全部作为近点距离所用，它们提供比较好的宽的近点视野，针对较长时间于近点工作者有较佳的效果，建筑师，会计师，艺术家和其他工作性质相接近者，此种镜片可以降低头部摆动的机会。双光的镜片同时也可以使用于仅需用到近点阅读矫正的人，但在近点工作时却又不便将眼镜拿上拿下。

5. 三焦点镜片

针对那些需要中距离的视力的人（一般约为由 18 英寸到 6 英尺），如同远与近一般，使用三焦点的镜片可以满足此类的需求，那些在电脑或收银机前工作的人，对于此一中距离的视力的有特别的需求，此种镜片可以满足他工作上的视力需求。

这些镜片的矫正效果也是包含多个范围，不同的是在每一片不同距离的镜片之间其分界线不明显，这些多焦点镜片的分界线，可能需要在很近之处，才可以看得到或经由手的触摸才可以感觉到。但是，当使用者在转换由近到远处时，眼睛突然会感到很大的变化。

6. 渐进多焦点镜片

一部分的屈光度并没有一个很清楚的界线，渐进多焦点镜片使用逐渐累进屈光度的方式取代瞬间改变度数方式，此一种设计可以避免"影像跳跃"的现象，如同当您使用双光或三光镜片时，如果您由远到近或由近到远地去观察物体时即会产生影像跳跃的现象。举例来说，在超级市场里，您可以轻易地经由渐进多焦点镜片，仔细地察看您的购物单，同时也可以很容易地在货架上寻找您所要的产品，首先，配戴渐进多焦点镜片的初期需要一些训练与镜框的调整来配合包含如何让头部维持于一个适当的位置来适应各种不同距离的目标。

7. 因职业所需特殊的眼镜

如果为了工作或嗜好所需，您所需要的近点工作位于眼睛的水平高度以上时，此时使用的近用镜片如能位于眼镜的上方时，将会很有用。其与一般的双光镜片是一致的，唯一的差别在于近用镜片的底部是颠倒的。所需眼镜需要专业人员来了解您近点工作的精确距离和角度，配戴特殊眼镜的人必须获得的专业指导与协助，才能习惯这样的眼镜。

8. 复合镜片

复合镜片在同一片眼镜片中有两片近用的镜片，一片在底部，作为标准的双光镜片使用，另一片则位于上端，作为特殊用途。举例来说，当油漆匠位于油漆墙壁和天花板的时候，此一位于上方的双光镜片的设计，可以让油漆匠清楚地看到其工作成果。现在有些近视太阳镜就是采用复合镜片设计而成的。

(三) 配镜注意事项

（1）验光要准确。验光是配镜的主要依据。验光的准确与否，与配制成的眼镜成功率有直接关系。验光首先度数要准确，其上下差距不应超过配镜处方的12.5度；其次散光轴向要准确，一般轴向差异应限制在±（1~3）度之间；再次瞳距要准确，要求瞳距要等于镜片光心距，同时还要考虑到远视和近视的区别，一般近视镜光心距可稍大于瞳距，远视镜可稍小于瞳心距。如果验光不注意上述的把关，配制成的眼镜片会出现视物成像模糊、久视疲劳、头晕、恶心，甚至出现复视等不良反应。验光最好要到专业的眼科医院去，儿童验光或者第一次配眼镜，一定要严格按照验光步骤。

（2）验好光以后就要带好验光单去眼镜店配眼镜了。主要是选择镜框和镜片。镜框应该选择轻一些的，现在很多板材的也很轻，镜片有折射率的选择，如1.49、1.56、1.61、1.67等等，主要还是看度数，度数不高的话有个1.56就行了。另外，考究的店还会测鼻高、鼻宽、眼耳的距离、镜框的前倾角，这些也是眼镜戴起来是否舒适的指标。配好之后建议试戴，试戴时间要长一些，这样才能确定眼镜是否合适。

（3）镜架要选准确。镜架的选用不单是美观好看，而且对磨成的眼镜能否正确配戴关系很大。因此配镜选镜架时要特别注意，把瞳孔距离与眼镜片的光学中心要摆在相适应的位置上，并且还应与脸型相匹配，这样配成的眼镜不但美观大方，戴起来会感到舒服。如果不按此选架，而按一般规律任意选购，就会出现瞳孔与眼镜光学中心不符，会出现眼镜的偏光心，引起三棱镜效应，对眼睛十分有害。儿童选择板材架配树脂镜片比较安全。成人选择范围比较广，玻璃镜片硬度较高不易磨损，而树脂镜片则硬度较低但重量轻、清晰度好、对紫外线有较高的防御能力。水晶片虽然价格不菲，但紫外线和红外线透过率高，有些店用人造品鱼目混珠，非但没有养目功能还会损害眼睛。

（4）每次配新眼镜，刚戴上的时候总会有些头晕，但其实眼镜一定要佩戴舒服才算好，戴上后不能有明显的头晕或视物变形。不能让眼睛适合眼镜，一定要让眼镜来适合我们的眼睛。

（5）孩子视力不好不一定是假近视，孩子视力不好的原因很多，除去器质性原因，远视、近视、散光等屈光不正因素均可造成。假近视，在医学上称为调节性近视，是由于眼睫状肌过度调节造成，假近视在睫状肌麻痹，放瞳孔去除调节后度数消失，而真近视放瞳后度数仍然存在。不管近视、远视、散光，建议一定及时验光配戴眼镜。如果放验度数消失，确定为假近视，建议注意用眼卫生，防止眼睛疲劳，在眼压不高的情况下，睡前可点一滴复方托品酰胺眼药水解除调节紧张即可。

七、隐形眼镜的特点及选配注意事项？

一、隐形眼镜的定义

隐形眼镜又称为角膜接触镜，是一种戴在眼球角膜上，用以矫正视力或保护眼睛的镜片。根据材料的软硬可分为硬性、半硬性和软性三种。隐形眼镜不仅从外观上和方便性方面给近视、远视、散光等屈光不正患者带来了很大的改善，而且视野宽阔、视物逼真；此外在控制青少年近视、散光发展，治疗特殊的眼病等方面也发挥了特殊的功效。很多年轻人为了方便都把框架眼镜换成了隐形眼镜，更有人为了漂亮选择配戴没有度数的美瞳，也就是有色隐形眼镜。美瞳由于增加染色设计，除了掉色问题外，比起一般隐形眼镜更易造成角膜缺氧，尤其喜欢使用变色片的多为年轻族群，配戴时间往往很长，甚至戴着睡觉，再加上警觉心较低，角膜轻微感染时仍不在意，最后可能会导致角膜受绿脓杆菌感染，因而影响视力，甚至需要进行角膜移植，因此要特别小心。

对于初次配戴隐形眼镜或彩色隐形眼镜的朋友，会感觉不适，其中一项可能的原因就是角膜缺氧。正常情况下，我们的角膜是需要"呼吸"的，隐形眼镜的透氧率是评估隐形眼镜材料好坏的一个重要指标，因此镜片材料有较高的透氧率是选择镜片的一个很重要的因素。

角膜长期缺氧易导致角膜的相关并发症，如慢性角膜水肿、角膜新生血管等。隐形眼镜尤其是彩色隐形眼镜满足了广大爱美人士的需求，但一定要按规范的程序验配适合自己的隐形眼镜产品，并严格按照护理程序进行日常护理。特别注意的是，不同材质的镜片，如普通水凝胶镜片和硅水凝胶镜片的透氧率有很大的差别，可配戴的时间也就有很大的差异。例如博士伦纯视新一代硅水凝胶镜片，其透氧性能是普通水凝胶镜片的 5 倍，因此很好地避免因为长时间配戴隐形眼镜引起的角膜缺氧问题，可以超长时间连续配戴，同时满足小睡的需求。

二、隐形眼镜的分类

（一）按照镜片的材质分为

硬性隐形眼镜、软性隐形眼镜和透气性硬镜。硬性隐形眼镜：硬性隐形眼镜一般采用 PMMA 聚合物制成，近年则以硬性透氧隐形眼镜（Rigid Gas Permeable RGP）较为普及。

软性隐形眼镜：软性隐形眼镜采用亲水性强的物料，容许氧气透过镜片进入角膜，令配戴更舒适。

（二）按配戴的方式分为以下几类

（1）日戴，指配戴者在不睡眠睁着眼的状态下配戴镜片，通常每天 12 小时。

（2）弹性配戴，指戴着镜片午睡或偶尔配戴镜片过夜睡眠，每周不超过 2 夜（不连续）。

（3）长戴，指配戴者在睡眠状态下仍配戴镜片，持续数日方可取下镜片。

专家指出，依据配戴方式，可分为长戴型与日戴型，依据镜片使用周期长短，则可分为抛弃型、定期更换式、传统型。初戴者可以按照 4h、6h、8h 时间递增，慢慢地适应后可延长时间。

（三）防紫外线眼镜

防紫外线隐形眼镜通过对化学原材料单体中增加紫外线吸收物质,能阻隔99%有害紫外线 B 和80%以上的紫外线 A。紫外线能通过角膜进入眼内,引起对眼的伤害,例如白内障、雪盲等等。由于隐形眼镜紧贴眼球,排除了框架镜周边漏光,适合室内外各种场合需要。但隐形眼镜并不遮盖周围眼部组织,透明镜片并不能舒缓夏季烈日和冬季雪地的强烈眩光,我们提倡再加戴具有紫外防护功能的太阳镜或运动防护透明风镜。这样能更好地防止紫外线,使眼睛健康安全更有保障。

三、隐形眼镜的选择

隐形眼镜的选择应与个人特点相结合。初次购买隐形眼镜应去医院或正规连锁眼镜店做常规检查,确认眼睛的健康状态是否适合配戴隐形眼镜。青光眼、激光手术 3 年内、角膜移植和医生确认不能使用隐形眼镜者,请勿私自购买。一般买隐形眼镜切勿贪图便宜,最好找正品眼镜店选择购买。购买时要注意日抛,月抛,还有季抛。隐形眼镜属第三类的医疗器械,因此,不可与任何人共用。共用隐形眼镜可能会引起和传播眼疾。爱美是大部分人的天性,特别是女性朋友,不少有近视眼的女性都选择了激光手术,但大部分的人仍然是比较习惯戴隐形眼镜。不过配戴隐形眼镜如果经常不注意一些小细节的话,很容易引起眼睛的不适,甚至影响到眼睛的健康。

在隐形眼镜的选择上,硬式高透氧镜片因为比较不吸附泪液中的脂质、蛋白,及空气中的尘埃,所以不易使眼睛过敏及发炎,且硬式镜片寿命较长,可维持 3~5 年,但缺点是配戴者适应期较长,有异物感,镜片易滑脱,所以从事运动者不太适合配戴。此外,近来出现的抛弃式隐形眼镜,因价格降低且方便卫生,特别适合过敏体质的人配戴。部分近视散光或远视散光的患者,也可以选择散光隐形眼镜,如博士伦的清朗散光隐形眼镜和纯视散光隐形眼镜轴位更加准确,舒适度也更好,适宜散光人群配戴。

专家指出，隐形眼镜是一种医疗用品，应该经过专业医师检查且仔细评估后才可配戴，不可随便购买，否则使用不当会引起各种相关并发症的危险。无论选择何种隐形眼镜都应该先请专业医师详细检查眼睛状况，评估眼表健康状况及泪液机能，同时消费者应接受验光检查，但需要注意的是验光的度数大于等于±4.00D不能直接用来配隐形眼镜，需要进行换算。这是由于验光镜片与人眼角膜之间有一个约为12mm的距离，而隐形眼镜直接与人眼角膜紧密附着，因此度数应用以下公式换算，式中D为插片验光得到的框架眼镜度数，例如框架镜度数为−4.25D，即通常指近视425度，则改配隐形眼镜的度数应是−4.00D。

镜片配戴后，须在裂隙灯显微镜下去评估镜片的定位、松紧度与滑动程度是否都合适。若眼睛感到红、肿、痛、痒、视力模糊、或有异物感应尽快就医，以免延误。隐形眼镜是根据人眼的角膜形态，以透明或加入有色材料制成，直接附着在角膜的泪液层表面，并能与人眼生理相容的一类眼镜，因而在选择隐形眼镜时，要根据消费者自己眼睛的角膜直径、角膜曲率等实际情况来进行选择。一般要求软镜镜片直径应比角膜直径大一些，这样才能保证角膜的完全覆盖。此外，散光光度较高的，例如，大于3.00D散光可以根据实际的需要，选用硬性透气性隐形眼镜，矫正效果比软性镜片好。

隐形眼镜配戴15min后除了要观察眼睛的舒适程度、矫正视力以外，还须检查隐形眼镜与角膜的配适情况。镜片的配适主要查中心定位、角膜覆盖、移动度、松紧度。具体来讲要求镜片中心与瞳孔中心重合且周边均匀延出；覆盖角膜周边1mm左右；镜片在角膜上自然移动的程度要合适；镜片与角膜配合不能太松，也不能太紧，镜片相对角膜要有适当的滑动，这样可以保证眼睛的泪液循环是通畅的。

四、配戴指南

（一）选配五大要点

1. 配戴严格规范

按配戴师训导规定，按说明书规定，戴、脱隐形眼镜操作规范化，防止指甲、夹子、尖锐物品损伤镜片。

2. 配戴前专门检查

由专业眼科医生检查，患有沙眼、角膜炎、结膜炎、高血压、糖尿病、内分泌失调等疾病，以及未成年儿童，不宜配戴隐形眼镜。

3. 通常初戴者一周后到配戴中心检查

常戴者 3~6 个月复查一次，用后发现不适应问题，随时要去配戴中心检查，确保用眼卫生。

4. 严防化学损伤

使用化妆品的隐形眼镜配戴者，必须遵循先戴镜后化妆，先脱镜后卸妆的原则，严防洗发护肤美容化学品损伤镜片。

5. 存放安全卫生

镜片脱下放入专门镜盒，并由护理液浸没，镜盒要确保消毒卫生，并防止镜盖压坏镜片。

目前隐形眼镜的品牌和品类都很多，所以在选择隐形眼镜的时候应该考虑自己的眼睛健康状况、实际使用需求和产品的特点，这样选择的产品才是最适合自己的，不能只是盲目地听从别人的建议或只考虑到美观。尽量去正规的场所验配，选择有保障的隐形眼镜品牌，如博士伦等。

（二）配戴隐形眼镜的正确步骤

每次取戴或操作镜片之前将指甲剪短，充分把手洗干净；在干净、平整的桌面上操作和取戴镜片，以免镜片掉在地上；每次配戴镜片之前，仔细检查镜片有无破损、污物及沉淀物。如有破损则不能配戴。如有污迹和沉淀物则必须清洁冲洗后再戴；分辨镜片的正反面，使正面向上配戴；按规定的程序清洗、冲洗、消毒和储存镜片。注意清洁时正反面各揉搓 10s，正反面各冲洗 5s，消毒浸泡时间至少 4h；护理液在开瓶使用后，每次用完及时将盖子盖紧，不要用手指触摸瓶口；护理液应该在规定的时间内用完，如果未用完，则应该弃去，更换新鲜护理液；戴隐形眼镜不得滴任何眼药水（除非是隐形眼镜专用的眼药水），否则药水的成分吸附在镜片上，不仅使镜片变浑变硬，而且滞留在镜片的高浓度药液成分会损伤眼部组织；镜片长期不使用，须经严格地清洗、冲洗、消毒、浸泡在护理液中，常温保存；每周更换一次药水，再次配戴时则要认真进行清洁、冲洗和消毒；戴上镜片后，新鲜的全功能护理液冲洗镜盒，风干后备用；需要化妆的女士，应在化妆前配戴隐形眼镜，卸妆前取下隐形眼镜，不要使化妆品粘连镜片；不提倡使用镊子和棍棒等辅助工具，因为镊子如果不包裹尖头，很容易损伤镜片，而镊子和棍棒头的包裹物很容易被细菌污染而成为细菌的良好培养基从而污染镜片，使眼睛发炎；如眼睛有分泌物、摩擦感或结膜充血，甚至角膜上长白点，绝不要勉强配戴而应立即去医院就诊。传统型镜片建议配戴时间最长不要超过一年，使用周期中应根据镜片具体情况及时更换。软性隐形眼镜可以矫正轻度散光，高度散光请首选散光隐形眼镜。任何镜片配戴前必须清洁与消毒。要记得洗净双手，修剪指甲。尽量不要用小棒或者小镊子接触镜片，以免用力过大造成肉眼的损伤。要在桌面上摘取眼镜以防掉落地上。在戴用彩色隐形眼镜镜片时，请勿使用任何眼药水。请不要用除护理液以外的液体浸泡眼镜。隐形眼镜不可以与他人公用。最长半年须复查一次眼睛。长期不戴须要每周换一次护理液。护理液浸泡至少 4h 才能起到护理作用。每次护理需正反面各揉搓 10s，然后再用护理液冲洗正反面各 5s。

（三）什么情况不适合配戴隐形眼镜

（1）眼部疾病：眼睑、结膜炎和角膜炎急性感染期、沙眼、泪囊炎、泪道堵塞或泪液分泌减少；只剩单眼视力者；患有眼球震颤者。

(2) 全身疾病：十分神经质，对任何不适相当敏感者，尤其对眼痛极敏感者；全身抵抗力下降者，如糖尿病、妊娠、关节炎、鼻窦炎。

(3) 环境条件：风沙、灰尘、挥发性酸碱物等。

(4) 个人素质：不讲卫生，不能依从医嘱。

(5) 做完视力纠正手术者1年内不能戴隐形眼镜。

(6) 隐形眼镜对中小学生并不适宜。他们正处于生长发育的旺盛时期，眼球视轴尚未定型，如果过早地、或较长时间地配戴隐形眼镜，很容易产生角膜缺氧和生理代谢障碍等副作用。如果镜片的曲径与角膜不相适应，还会造成配戴不适。

(7) 40岁以后，也应该逐渐告别隐形眼镜。因为此时人的眼部组织会发生比较明显的退行性变化，眼局部的抵抗力下降，特别是眼球耐受缺氧的能力下降。所以，40岁至60岁的人可短时间配戴，60岁以上则最好不戴。

(8) 女性在经期、孕期最好让隐形眼镜"休息"。因为经期前及经期过程中，眼压会比平时增高，眼球四周也较易充血，尤其是有痛经症的妇女更甚。这时如果戴隐形眼镜，会对眼球产生不良影响。而在孕期，荷尔蒙分泌发生了变化，从而使体内含水量也发生变化，眼皮有些肿胀，眼角膜变厚，特别是怀孕的最后3个月，因角膜水分多，变厚更为明显，会与正常时选配的隐形眼镜片不相吻合，从而引起眼睛不适。患有妊娠水肿症的孕妇尤其不能戴隐形眼镜。

(9) 感冒时，也不要戴隐形眼镜，改戴框架眼镜。因为感冒患者手上往往带有大量的病菌，它们很容易在取、戴隐形眼镜的过程中，被带入眼中。此外，感冒患者还常伴有轻微的视网膜炎症，戴隐形眼镜会使炎症更为加重。而且许多抗感冒、止咳和止痛药物中都含有抑制眼泪的成分。泪液分泌量的减少，会使隐形眼镜过于干燥，使其透明度降低，进而影响视力。此外，一些激素、抗生素、抗组胺药物、抗抑郁药物也都具有使泪液分泌减少的作用。这对于戴隐形眼镜是十分不利的。因此，专家们提醒戴隐形眼镜的人在看病时，如医生开了这类药物，一定要向医生说明自己的情况，问清楚药物可能产生的副作用，并及时更换成普通眼镜。

（10）骑车长途旅游时，也不要配戴隐形眼镜。因为当长距离骑车时，空气加速对流，会使软性隐形眼镜的水分减少，镜片逐渐干燥变硬，最好能和风镜或太阳镜一起使用，会减少这种情况的出现。

（四）配戴隐形眼镜的注意事项

隐形眼镜使人们摆脱了框架眼镜的"压迫"，既美观又方便，于是不少人配了隐形眼镜后就立刻把框架眼镜打入"冷宫"，不再使用。其实，我们建议应该隐形眼镜和框架眼镜结合起来去使用，是最好的配戴方式。

（1）若有刺激感请将镜片取下重新检查是否有灰尘或毛絮，用隐形眼镜护理液冲洗干净后再戴。

（2）请不要同时打开两个盒盖，以免盒盖对调，度数不同的镜片搞错。

（3）配戴镜片后，方可作脸部化妆；卸下镜片后，才可进行脸部卸妆。

（4）保持戴镜手指干燥，若戴镜手指的指端水分过多，则在戴镜时镜片容易与手指粘连，难以戴入眼内。

（5）若在戴镜过程中镜片未能入眼，不要急于再次配戴镜片，而应该将镜片充分冲洗后再戴。

（6）户外活动时如果有尘土入眼，所产生的摩擦异物感是一件非常令人心烦的事。如果您配戴着隐形眼镜，可以用随身携带的隐形眼镜护理液冲洗手指。先取下镜片，保存在携带的隐形眼镜镜盒里，待眼内的尘土排出后再重新戴上镜片。

（7）在摘戴镜片时如果不小心掉落镜片，注意要彻底清洁冲洗镜片，重新浸泡在新鲜的护理液镜盒里，重新消毒。

（8）一定记得在出发之前准备行囊的时候，带上一瓶旅行装的隐形眼镜护理液，或者选择日抛型镜片。

（9）夏季戴隐形眼镜要特别注意，尽量避免让汗水进入眼睛。因为隐形眼镜相对固定于眼球表面，此时一旦有汗液进入眼中，很容易附着在隐形眼镜上，导致病菌滋生。同时，一旦出现眼睛发痒、分泌物增加、视力模糊、隐形眼镜移位、结膜发红等情况，应立即停戴隐形眼镜，改善消毒方法或重配隐形眼镜。如仍没有好转，则应及时到医院就诊。

（10）冬季宿营的时候，为了防止隐形眼镜放在眼镜盒里结成冰，最好的方法是把隐形眼镜盒放在睡袋里。不过为以防万一，建议使用螺旋口的眼镜盒。

（11）如果是长时间的户外活动，一定要另外携带一副框架式的眼镜，否则一旦隐形眼镜丢失麻烦可就大了。

（五）适当配戴时间

虽然隐形眼镜让众多近视者在使用方便的同时，也享受了美观的愉悦，但是有些人由于戴隐形眼镜的时间太长了，甚至睡觉都不摘，对眼睛健康和视力造成了不同程度的伤害。专家认为，初次配戴时间：第一天，不超过4h；第二天，不超过6h；第三天，不超过8h；第四天，不超过10h。普通水凝胶材质隐形眼镜每天的配戴时间控制在12h以内。彩色隐形眼镜配戴时间应视个人眼睛状况和需求适当选择配戴时间。软镜的材料有吸附作用，空气中的灰尘，泪液中的蛋白质等日积月累会被吸附在镜片表面，所以软镜需要定期进行护理清洁，一般说来传统型的软镜最长的配戴周期也不可以超过1年。

对于连续配戴型硅水凝胶隐形眼镜可以连续配戴一段周期再取下，相对普通水凝胶隐形眼镜来说，使用更加方便；同时这种新型材料高透氧的特点也满足了每天的超长时间配戴及戴镜小睡的需求。

很多人有午睡的习惯，如果配戴普通水凝胶材质隐形眼镜应该摘下隐形眼镜放在配套的护理液中，睡醒后洗漱完毕再配戴。这样能让眼睛和身体一同休息和放松，为眼睛创造呼吸的机会。如果是连续配戴型的硅水凝胶隐形眼镜，午睡时可以不用取下，这样在不方便取出或者出差、旅行时更为方便。洗发水、沐浴液等浸入眼睛，会污染镜片，造成眼睛不适，更有泡澡者将隐形眼镜掉落在浴缸。因此建议洗澡时，别再让隐形眼镜和眼睛"如影随形"。

（六）护理与保养

已开封的镜片长期不戴，隔4~5天应更换一次新鲜的护理液。镜片每次配戴之前应充分揉搓、冲洗后方可配戴，普通隐形眼镜切记不可戴镜过夜，戴镜片过夜会使角膜处于缺氧状态，长期如此容易引起角膜水肿等相关并发症。不少人以为一副软性隐形眼镜可以戴两年，这是不对的。软性隐形眼镜年更换式镜片，最长的使用周期也只有一年。因此，一副软性隐形眼镜的使用期限和使用个体及每天的清洁护理有关。而且从隐形眼镜戴入眼睛的那一刻起，就会不断地有沉积物在镜片上堆积，所以每次配戴隐形眼镜之后都要进行护理。也正因为如此，建议在选择镜片的时候尽量去考虑那种重复使用的频率更少，重复使用的周期更短的隐形眼镜。不过，即使完全按照护理标准使用，蛋白沉积物亦不能完全清除。如果条件允许，最好还是使用频繁更换型或抛弃型隐形眼镜。这种健康的配戴方式已经为消费者所认知，而眼科专家也建议消费者选择更换周期更短的镜片。

（七）隐形眼镜的优点

隐形眼镜相比框架眼镜有不少优点，隐形眼镜并没有镜框的阻碍，对配戴者的外观并无影响，对爱美的人士，尤其是女性甚为适合。没有眼镜框架的障碍，及框架眼镜片可能碎裂的风险，隐形眼镜也为运动人士带来更大的方便。

框架眼镜受框架的限制，而隐形眼镜不受任何遮挡与限制，因而隐形眼镜比框架眼镜的视野更宽阔。

对于需要较高度数，如10D（1000度）矫正的人士来说，框架眼镜镜片的厚度及折射率比较高，亦会较大幅度地放大或缩小影像。隐形眼镜所造成的影像放大或缩小只有约7%，并可改善框架镜片如棱镜效应等光学上的缺点，为配戴者带来更广阔的视野。

如果配戴者双眼近视或远视的度数相差较多，如双眼屈光相差超过（2~2.5）D，配戴框架眼镜，双眼的成像相差便会太大，脑部较难把两眼的影像合而为一；隐形眼镜亦可减轻双眼成像相差。而对于角膜不规则散光的患者，硬性隐形眼镜可以矫正轻中度散光；球面软性隐形眼镜可以矫正轻度散光（即散光度数小于75度）；较高散光（即散光度数大于75度）病人可选用散光隐形眼镜。

（八）隐形眼镜的危害

配戴隐形眼镜应注意标准护理及合理使用，否则会对眼睛造成以下危害：

1. 眼睛抵抗力下降

老化的隐形眼镜会使镜片的透氧性下降，眼睛会因缺氧而产生类似于人体"高原反应"的情况，无法正常代谢、抵抗力下降。

2. 导致视疲劳、干眼症

超长时间配戴隐形眼镜，容易引发干眼现象。导致眼酸痒、异物感、多眼屎、干涩感，眼睛烧灼且视物模糊。

3. 引发眼睛过敏

隐形眼镜吸附泪液中的蛋白质、脂质、胶原等，使之沉积在镜片表面，滋生病菌，角膜水肿、角膜新生血管反应和过敏反应等因此而起。

（九）如何减少隐形眼镜的伤害

（1）配镜前做眼科的全面检查；配镜后，也要遵医嘱定期复查。

（2）配镜应去专业的眼视光机构，在眼视光医师的指导下选择验配隐形眼镜。

（3）医师认为你适合使用隐形眼镜才能配戴。尤其有药物或化妆品过敏史者要特别警惕。

（4）选择透气性好的镜片。

（5）及时更换镜片。即使镜片未到期，只要已经出现蛋白沉淀等污染，或镜片有变形变色的情况，应立即更换镜片。

（6）避免戴隐形眼镜过夜。软镜每天的戴镜时间不要超过12h，可与框架眼镜交替使用。

（7）保持良好的戴镜卫生习惯。包括镜片镜盒及时清洗、消毒、除蛋白，戴镜、摘取眼镜时手指保持无污染状态等。戴镜时应避免眼部化妆，避免留长指甲，以免划伤或污染镜片、刺激眼睛。

（8）每天看电脑、伏案时间不宜过长，要多眨眼，用手指轻轻按摩眼睛周围部位，帮助眼睛的湿润；并要定时休息，最好保持工作1小时休息5分钟左右，并多看远处。

（9）护理液要选择高品质的产品，以避免眼睛产生过敏或毒性反应。

（10）因为隐形眼镜直接与眼角膜接触，所以需要严格的卫生要求。虽然很多人从理论上都知道这一点，却在日常生活中，或者因为匆忙，或者因为怕麻烦，很容易忽视对镜片的清洁工作，从而导致眼睛被细菌感染。

（11）化妆品也时常给隐形眼镜配戴者带来困扰，如误用化妆品能导致隐形眼镜的沉淀物堆积，出现眼部刺激症、过敏反应和感染等。戴隐形眼镜要遵从应先戴镜后化妆，先取镜后卸妆的原则。

第 四 章

常见眼部疾病及治疗

一、弱视

一、弱视的阐述

弱视指的是儿童视力用眼镜矫正不能达到 0.8 以上，而经多种有关检查又未发现异常的眼病。眼部无明显器质性病变，或者虽有器质性改变及屈光异常，但有与其病变不相适应的视力下降和不断矫正或矫正视力低于0.9 者均为弱视，可以发生于一眼或两眼。弱视中最重要的为斜视性弱视，半数以上的弱视与斜视有关，从症状上来看，斜视为眼位异常，弱视是视力异常。两者关系如马车的两个轮子，屈光不正则像车轴，它连接着两个车轮。弱视可以形成斜视，斜视可以导致弱视。弱视除与斜视有关的斜视性弱视外，尚有屈光异常、屈光参差等所形成的弱视。有屈光异常者不能得到矫正，就是增加照明或增强注视目标的对比度时，往往也不能使视觉得到改善。

弱视眼并不少见。国外报告在普通人群中，弱视的发病率2%～2.5%，我国弱视发病率约占2%～4%。由此可见，弱视是一种常见的多发病。我们知道良好的视力不是先天获得的，婴儿出生时，视力不及人的1%，随着年龄的不断增长，双眼视细胞不断发育和完善。5岁以内是视功能发育的重要时期，视觉发育一直延续到6~8岁。如这个时期因某种原因造成双眼视物障碍，视细胞得不到正常的刺激，视功能就停留在一个低级水平，双眼视力低下，不能矫正，就形成了双眼弱视；若只能用一眼视物，久而久之反复刺激的眼视觉发育了，而不能注视的另一眼发育迟缓，就形成了单眼弱视。弱视在视觉发育期间均可发生，多在1~2岁就开始。弱视发病愈早，其程度就越重。

弱视与近视根本不是同一种病。近视眼是由于眼调节肌肉睫状肌过度紧张或遗传等原因造成眼轴变长引起的看远不清楚，看近清楚的眼病，戴镜后矫正视力多可恢复正常；而弱视是一种视功能发育迟缓、紊乱，常伴有斜视、高度屈光不正，戴镜视力也无法矫正到正常的眼病。两种病有本质不同。弱视对儿童视功能的危害比近视大得多。因为近视仅仅是视远时视力下降，不伴有其他视功能损害，视力矫正不受年龄限制；而弱视患儿不仅视力低下，不能矫正，不可能有双眼单视功能，无立体视，今后不能胜任驾驶、测绘及精细性工作，不仅影响工作前途，而且直接影响到我国人口素质。大量的研究证明，微量元素锌参与儿童眼睛的视黄醇代谢，缺锌时，视黄醇结合血浆蛋白合成速度降低，自肝脏进入血清内的视黄醇减少，造成视网膜可利用的视黄醇量随之下降，直接影响视功能，容易使儿童发生屈光不正、斜眼、弱视眼。如果家庭生活困难，食物单一，造成维生素、微量元素摄入不足，就极易对儿童视功能产生潜在威胁。如果母亲在妊娠期缺乏维生素及微量元素，也会影响胎儿器官系统的正常生长发育，有可能导致儿童视力天生欠佳。

根据最新权威研究表明，弱视和黄斑区视细胞发育滞后有很大的关联性，作为黄斑色素主要成分的叶黄素，在黄斑区视细胞发育中起到非常重要的作用。叶黄素作为黄斑区被发现的唯一一类胡萝卜素，能保护黄斑正常发育和免受光损伤、氧化损伤和炎症损伤。如果黄斑区叶黄素含量低于正常值，就会出现弱视等视觉发育障碍，口服体外补充叶黄素，促进黄斑视细胞发育是最新的治疗弱视的办法。

在日常生活中，过于挑食的儿童，如果缺乏某些微量元素会导致近视。如缺钙和铬，就会影响眼球壁的正常生理功能，其韧性和成形性发生改变，使眼球伸展，前后径增大，导致近视和促使近视度的加深。另外，如果长期嗜甜食，使血糖增高，血浆渗透压上升，也会使眼球水晶体和房水渗透压上升，水晶体屈光度增加；同时还会消耗掉大量维生素 B_1，而维生素 B_1 不足也是造成视力减弱的原因。因此，儿童在日常饮食中应尽量做到营养全面，不挑食，不偏食。

弱视是儿童时期最常见的疾病，该病发病率高，占儿童总比例的2%~3%。由于儿童时期是视觉的发育的关键时期，儿童时期发生的这些眼病对儿童视力发育危害极大，许多眼部疾病如果不能在儿童时期治愈，将造成眼睛的终生残疾。其他儿童眼病也复杂多样，例如，先天性眼部畸形（眼睑畸形四联症、先天性上睑下垂）、先天性白内障、先天性青光眼、各种屈光不正等，有的严重影响容貌，有的严重影响视力，都必须尽早治疗。如果很早发现弱视，可以试遮挡健康眼，强迫用弱视眼，以刺激其中枢的恢复。当然也须确定有无屈光不正，加以矫正。再经眼肌训练，以恢复其双眼单视，使之有立体感。所有一切检查、治疗都应在眼科医师指导下进行。最重要的是早期发现，早期治疗。

单眼弱视难以发现。单眼弱视患者，除了弱视眼睛之外，他还有另外一只眼睛是健康眼，单眼弱视的情况就比较难被发现。主要原因是心理学原因：先天的单眼弱视患者，最初可能主观上认为人人如此；在他到适当的年龄时，会认识到大多数人两只眼睛都有健康的视力，而他本人不是这样，自己存在着先天的缺陷，从而产生了自卑感，在容易被别人识别到这一缺陷的时候，他就刻意掩饰。自幼儿园到小学、中学时期，每年都例行体检，单眼弱视患者掩饰缺陷的高招就是检查弱视眼视力的时候使用健康眼偷看，以至于多年不被发现，体检表上记录的实际上都是健康眼的视力，只有遇到态度特别严谨的医师时，偷看的情形才会被发现，而此时往往已经错过了最佳的治疗时期（6 岁以前）。单眼弱视的孩子中，有的存在斜视，有的不存在斜视。存在斜视的情形是家长发现孩子病情的机会，如果家长抚养孩子足够细心，积极带孩子看医生，事情就能早发现、早解决；如果家长不够细心或对孩子关心不够，及早发现弱视的机会也就丧失了。相较于双眼均衡的弱视，单眼弱视的治疗还存在着一种被动：由于双眼的竞争，在治疗过程中除了要选对治疗方法外，还需要抑制健康眼的视力，通常会用到健眼遮盖法。幼儿由于不懂事，在当着家长的时候还能够勉强遮盖，而一旦离开家长的视野，幼儿往往立即把眼罩拉到脸颊侧面。不懂事的学生时期，却又有对美观的心理需要，担心被同学讥笑，遮盖也就难以坚持，尤其是少女患者。双眼弱视患者由于不用遮盖法，有时候治疗效果反而更好，其原因就在于此。

近视了，只需配戴近视镜，就可以有效矫正视力，基本不影响学习和工作。但对于弱视，即使配戴眼镜，视力也无法矫正到正常程度，视觉的大部分仍然是黑暗的，因此医学上将弱视定义为"视力残障"，如果不能及时、有效治疗，则会造成终身"视力残障"甚至完全失明。而弱视对于儿童身心的危害，更不容忽视。因为视力低、注意力难以集中，不仅诱发多动症，而且必然影响到孩子学习成绩。斜视、对眼、视力处于半盲状态使孩子小小的心灵必然遭受极大的摧残，这种伤害使孩子变得孤僻、自闭、自卑，祸及孩子一生。弱视是一种眼科疾病，如果不及时治疗，不仅能导致视力永久性低下，还会引起斜视、影响容貌的美观。更重要的是弱视的孩子双眼没有完善的视觉功能，没有精细的立体视觉，随着科技的高速发展，许多工种和职业都需要敏锐的立体视觉，因此弱视的孩子会直接影响以后的高考升学及职业选择。所谓弱视治疗专指对孩子的弱视进行治疗，因为孩子的视功能正处在发育阶段，通过治疗可使视力逐渐提高，年龄越小治疗效果越好。如果超过 12 岁再治疗弱视，则视力恢复的难度较大，视功能恢复的程度较低，质量相对较差，甚至不能恢复。

（二）弱视的并发症

小儿弱视往往并不单纯存在，一般有屈光不正和斜视的并发。屈光不正即远视、近视、散光。大多数的小儿弱视并发症为斜视、远视和散光。不过，这类患儿斜视和屈光不正的成分通过镜片或手术最佳矫正后，视力仍然无很大提高。所以，弱视出现原因就不是屈光的问题，而是功能的问题。可以并发屈光参差、先天性白内障、完全性上睑下垂等症状。

二、弱视的分类

（一）斜视性

发生在单眼，患儿有斜视或曾有过斜视，常见于四岁以下发病的单眼恒定性斜视患者，其由于大脑皮质主动抑制斜眼的视觉冲动，长期抑制形成弱视，视觉抑制和弱视只是量的差别，一般为斜眼注射时可以解除抑制，而弱视则为持续性视力减退。斜视发生的年龄越早，产生的抑制越快，弱视的程度越深。

患者有斜视或曾有过斜视，同时伴有弱视，但无眼底异常。目前认为这是因为斜视引起复视和视觉紊乱使患者感到极度不适，大脑视皮质主动抑制由斜眼黄斑传入的视觉冲动，该眼黄斑部功能长期被抑制，形成了弱视。这种弱视是斜视的后果，是继发的、功能的，因而是可逆的，预后是好的。但偶有少数原发性者即使在积极治疗下视功能改善也不显著。

（二）屈光参差性

因两眼不同视，两眼视网膜成像大小清晰度不同，屈光度较高的一眼黄斑部成像大而模糊，引起双眼融合反射刺激不足，不能形成双眼单视，从而产生被动性抑制，两眼屈光相并 3.00D 以上者，屈光度较高常形成弱视和斜视，以致被动性和主动性抑制同时存在。弱视的深度不一定与屈光参差的度数有关，但与注视性质有关，旁中央注视者弱视程度较深，这类弱视的性质和斜视性弱视相似，是功能性的和可逆的。临床上有时也不易区分弱视是原发于屈光参差，还是继发于斜视，此型如能早期发现，及时配戴眼镜，可以预防。

由于两眼黄斑部所形成的物像清晰度不等，即使屈光不正得到矫正，屈光参差所造成的物像大小仍然不等，致使双眼物像不易或不能融合为一，视皮质中枢只能抑制屈光不正较大眼睛的物像，日久遂发生弱视，这类弱视也是功能性的，因而可逆。

（三）先天性

在婴儿期，由于上睑下垂，角膜混浊，先天性白内障或因眼睑手术后遮盖时间太长等原因，使光刺激不能进入眼球，妨碍或阻断黄斑接受形觉刺激，因而产生了弱视，故又称为遮断视觉刺激性弱视。

（四）形觉剥夺性

多为双眼性，发生在高度近视、近视及散光而未戴矫正眼镜的儿童或成年人，多数近视在 6.00D 以上，远视在 5.00D 以上，散光不小于 2.00D 或兼有散光者。双眼视力相等或相似，并无双眼物像融合机能障碍，故不引起黄斑功能性抑制。若及时配戴适当眼镜，视力可逐渐提高。

在婴幼儿期，由于角膜混浊、先天性白内障或上睑下垂遮挡瞳孔，致使光线刺激不能充分进入眼球，剥夺了黄斑部接受正常光刺激的机会，产生功能性障碍发生弱视。

（五）屈光不正性

由于出生时黄斑出血，导致锥细胞排列不规则，在婴儿出生后双眼形成以前发生，因而预后不好。有些虽然视网膜及中枢神经系统不能查出明显的病变，目前仍认为属器质性病变，因现有检查方法不能发现，此型为恒定性弱视，治疗无效。多为双侧性，发生在没有戴过矫正眼镜的高度屈光不正患者。双眼视力相等或相近。屈光不正性弱视多见于远视性屈光不正者。这种弱视因双眼视力相差不多，没有双眼物像融合障碍，故不引起黄斑部功能抑制，因此配戴合适的矫正眼镜后，视力自能逐渐提高，无须特殊治疗，但为时较长。

从表面看，以上五种均是弱视，但在发病机理方面有本质区别。斜视和屈光参差性弱视进入双眼的光刺激是等同的，双眼黄斑部都参与视功能的发生、发展过程，所以愈后较好。但形觉剥夺性弱视是在婴幼儿期视功能尚未发育到完善或成熟阶段，视网膜未能得到足够的光刺激而未能充分参与视功能的发育过程，造成弱视，这种弱视不仅视力低下，且愈后也差。单眼障碍造成后果较双眼者更为严重。因此由于眼病而遮盖婴幼儿眼睛时应特别慎重，以免形成剥夺性弱视（尤其6个月以内的患儿）。

综上所述，先天性及形觉剥夺性弱视预后较差；屈光不正性、斜视性、屈光参差性弱视预后较好。关键在于早期发现，及时和正确治疗，绝大多数视力可提高，获得正常视力的可能性也相当大。

三、弱视的预防

诊治弱视的重要原则是"早发现，早治疗"。它直接影响弱视的治疗效果。视功能发育完毕后发现弱视，为时已晚了，早期发现弱视在临床上有十分重要意义。可以从以下几方面着手：

学龄前体检：一般的儿童尤其是幼儿园长大的儿童，3岁时经过简单的视力教认，绝大多数都会认视力表。有条件的幼儿园要对孩子视力每年进行一次普查筛选，家长也可自购一张标准视力表，挂在光线充足的墙上，在5m远让孩子识别。检查时一定要分别遮眼检查，不可双眼同时看，防止单眼弱视被漏检，反复认真检查几次。若一眼视力多次检查均低于0.8，则须带孩子到医院作进一步检查。一般认为检查最好不晚于4岁。

及早发现异常苗头。弱视儿童往往有除了视力低下以外的其他表现，如斜视、视物歪头、眯眼或贴得很近等。一旦发现孩子有斜视的现象，应尽早到医院眼科检查，约有1/2的斜视合并弱视。上述其他异常现象也要引起重视和注意，要到医院眼科检查是否由眼部疾患引起。

另外，对于婴幼儿和不能配合检查视力的幼儿，可做遮盖试验大致了解双眼视力情况：有意遮盖一眼，让孩子单眼视物。若很安静而遮盖另一眼却哭闹不安或撕抓遮盖物，那就提示未遮盖眼视力很差，尽早到医院检查。

总之，弱视的早期发现主要靠家长、幼儿园、学校、医院的紧密配合，最主要的还是与孩子朝夕相处的家长。

四、弱视的诊断

弱视的诊断步骤：

1. 询问病史

详细询问弱视儿童的父母。应询问斜视发生的时间，是间歇性的、恒定性的、还是双眼交替性斜视，有无外伤或高热抽筋病史。询问母亲的孕期情况，分娩是否足月、顺产。父母是否近亲结婚，家庭中有无斜视或高度屈光不正者。患儿是否配戴过眼镜，是否进行过弱视治疗及治疗的方法、时间等。

2. 检查视力

3岁以上的儿童可以教会其查视力。要判断3岁以内婴幼儿视力，可用鲜艳的玩具逗引，看他双眼能否准确地远近跟随运动，以估计视力的好坏。如果遮盖一眼后，患儿立即挣扎、哭闹、将遮盖物推开，说明未被遮盖眼视力不好。但遮盖另一眼后，患儿不反抗仍然高兴，说明未被遮盖眼视力比较好。

3. 检查眼位

弱视儿童有眼位不正的约占58%，其中内斜视占43%，外斜视占

57%。眼位与斜视角的测定对于儿童弱视的诊断、治疗与预后意义重大。测定斜角的方法很多，常用的有角膜映光法、视野计法、交替遮盖加三棱镜测量法及同视机测量法等。

4. 散瞳检查

儿童验光需要用阿托品散瞳，以消除调节力。一般用1%阿托品滴眼液点眼。为了防止阿托品流入鼻腔吸收中毒，滴眼后压近内眼角5min。用检影法做客观验光。2～3周后复查试镜，检查矫正视力。如果矫正视力不大于0.8者，应诊断为弱视。散瞳后应顺便检查眼球前部及眼底，以排除眼部器质性疾病。其他还有注视性质、立体视、同视机、电生理等检查。

五、弱视的临床表现

弱视眼与正常眼视力界限并不十分明确，有的病人主观视力下降，但客观检查，视力仍然1.0或1.2。这可能是患者与自己以前视力相比而感到视力下降。此外，可能在中心窝的视细胞或其后的传导系统有某些障碍，有极小的中心暗点，自觉有视力障碍，而在客观上查不出。如果弱视眼无器质性改变，而其视力在0.01以上，0.2以下者，多伴有固视异常。弱视与屈光异常的关系，远视眼占的比重多，＋2.00D轻度远视占弱视的37.7%，近视出现轻度弱视的多，故弱视与远视程度高者有密切关系。斜视性弱视的重度弱视光斜视比外斜视多见。可能由于内斜视较外斜视发病要早的缘故。

分读困难是弱视的一个特征。分读困难或称为拥挤现象。分读困难就是弱视眼识别单独视标比识别集合或密集视标的能力好。即对视力表上的单开字体分辨力比对成行的字要强。分读困难的原因有多种说法：认为长期持续地存在着斜视致使锥体细胞群发生局限的轴向变化。看视标呈现向一侧歪扭变形而与其方向的视标相重。

此外，弱视常发生在幼儿。双眼弱视是出生后至9岁期间逐步发展形成的。在此发展时期若出现斜视或形觉丧失等原因可导致弱视。9岁以后即使有上述原因也不会发生弱视。

弱视较深者由于黄斑固视能力差，而常以黄斑旁的网膜代替黄斑作为固视。偏心固视是指中心窝外固视，其形成的学说很多，但其表现有中心凹旁固视、周边固视、黄斑旁固视、游走性固视。

六、弱视的治疗

（一）西医治疗

根据弱视程度和注视性质的不同，可选择以下不同的治疗方法：

1. 中心注视性弱视

传统治疗通常在矫正屈光的前提下采用遮盖健眼的遮盖法，强迫弱视眼注视。并结合精细目力作业，如在家做些描图、穿针、穿珠子等训练，以促进视力提高。而随着技术的进步通常采用多媒体网络视觉训练。

2. 旁中心注视弱视

各家意见不同，有些学者主张仍用主导眼遮盖法，认为弱视眼经强迫作注视眼后能自动改变旁中心注视为中心注视，并增进视力。亦有学者主张手术前宜先使旁中心注视转变为中心注视。

3. 红色滤光片疗法

由于黄斑区锥状细胞对红光较敏感，因此在弱视眼镜上加一红色滤光胶片（波长为（620～760）mm），同时遮盖主导眼，能促使旁中心注视转变为中心凹注视，当注视性质转变后，可取消红胶片，继续用传统遮盖法治疗。游走性和黄斑旁注视眼用红胶片疗法尤为适宜。

（二）食疗与方剂治疗

多吃动物性食品，如动物的肝脏、蛋类、鱼类、奶类、甲壳类、根茎类食品、绿色蔬菜、新鲜水果。

方剂一：熟花生仁粉2汤匙，鸡蛋1个，牛奶1杯，蜂蜜2汤匙。将鸡蛋搅碎,冲入煮沸的牛奶中,加入花生仁粉,待温加蜂蜜食用。每日早餐服用。

方剂二:党参9克,陈皮6克,猪肝30克。将猪肝切成片,再和党参、陈皮一起放入锅内,加入适量的水,煎煮30分钟,吃猪肝,喝汤。每日分两次吃完。

方剂三:绿豆30克,小米60克。慢火煮粥,当早餐吃,吃时加蜂蜜2汤匙。

方剂四:枸杞15克,红枣20克,鸡蛋2枚,加水煮熟,吃蛋喝汤,每天1次。

方剂五:冬虫夏草10克,鸡肉200克,加水炖熟,调味后吃肉喝汤,每天1次。

方剂六:枸杞叶100克,猪肝200克,加水炖熟,调味后食用,每天1次。

方剂七:朱砂5克,鸡肝100克,加水炖熟,调味后食用。

(三)治疗注意事项

(1)要有耐心、恒心、信心,不可操之过急。弱视的治疗过程是缓慢的,视力的提高也是循序渐进的,其疗程短则1~2年,长到7~8年。有的家长性子急,很想在几个月内就把弱视矫正。有时一些家长见短期内未见效就不耐烦了,放松了对孩子的指导与引导,听之任之耽误了孩子的治疗。这主要是不了解视功能发育是个缓慢的过程。

(2)耐心劝导孩子坚持戴镜。除洗澡或睡觉外,须坚持戴镜,尤其是遮盖健眼时更显重要。引导孩子看近处物体时一定要戴镜,尤其是绘图、写字、做手工等精细动作。开始戴镜时,小孩可能会不习惯,怕小朋友笑话,会嫌难看。这时家长要耐心讲道理,多引导、多表扬、多鼓励,不要随意训斥。还可以带孩子一起去选一副满意的镜框,镜腿用松紧带连好,以防眼镜滑脱打碎,要劝说孩子尽量不要打闹,注意保护眼镜。

（3）中、重度弱视的儿童，除了戴镜外，还要坚持到医院进行弱视功能训练治疗；此时，家长要鼓励孩子持之以恒，并坚持做到 2～6 个月到医院检查，检查内容包括视力、眼底、散瞳验光等，及时调整眼镜度数，跟踪治疗。

（4）劝导孩子养成良好的饮食习惯，不偏食，不挑食。尤其是在三餐饭前应少吃糖果和零食，以免厌食引起营养不良。引导孩子多吃些粗面杂粮，如玉米粥、小米、麦片等；少吃精粮细粮；多吃新鲜水果和蔬菜；适当增加蛋白质的摄入；限制多糖类化合物的摄入，以促进视网膜和视神经的发育。

（5）提高家庭烹调技术，不吃煮过头的蛋白质食物，根据营养饮食情况，必要时补充一些维生素（如 B_1、B_2、B_{12}、C 等）、鱼肝油和矿物质（如锌、铁、铬、钙等），还可以坚持饮用牛奶，吃些海产品等，以满足患儿机体对微量元素和矿物质的需求。

二、散光

一、散光的阐述

散光是眼睛的一种屈光不正状况，与角膜和晶状体表面的弯曲度不一致有关。人类的眼睛并不是完美的，有些人眼睛的角膜在某一角度区域的弧度较弯，而另一些角度区域则较平坦。造成散光的原因，就是由于角膜或晶状体表面这些不同方向的弯曲度不一致而使得不同方向子午线的屈光率不一致，使得经过这些子午线的外来光线不能聚集于同一焦点。这样，光线便不能准确地聚焦在视网膜上形成清晰的物像，这种情况便称为散光。

规则散光多数是由于角膜所致，还可能存在晶状体散光。也有些后天引起的散光，例如，一些眼科手术（如白内障及角膜手术）也可能改变散光的度数及轴向。不规则散光主要由于后天性角膜疾病及手术引起，屈光如角膜溃疡、疤痕、圆锥角膜、翼状胬肉等，用框架眼镜难以矫正，可以配戴高透氧的硬性角膜接触镜。

二、散光的分类

曲率性散光：主要是由于眼睛的角膜和晶状体的曲率半径不一致引起的。

生理性散光：主要是由于眼睑挤压角膜等生理因素导致的，一般表现为角膜前界面的垂直弯度略大。

获得性散光：由于外伤、手术、不合格的隐形眼镜的压迫等原因导致角膜的形态上的变化。

光心偏离性散光：主要是晶状体半脱位、倾斜引起的。

肌性散光：主要是由于睫状肌各方向上的拉力不一致引起的。

指数性散光：主要是由于屈光间质中各部分的折射率不一致引起的。

根据散光的程度可以把散光分成两种类型：

（1）轻度：少于 ±0.75 度。

（2）高度：大于等于 ±0.75 度。

三、散光的预防

散光预防最好3～4岁时做第一次全眼部检查，以后每年定期眼部检查1～2次。指导幼童认识哪些是危险的游戏和玩具，以减少眼外伤。指导幼童养成良好的卫生习惯，不随便用手或其他物品接触眼睛，以避免传染眼疾，若感染眼疾时尽量减少外出。

（1）看书时光线要充足，光线最好来自左后方；看书姿势要正确，并且保持在（30～40）cm 之间的距离。不要在摇晃的车上看书，也不要躺着看书。

（2）选择读物时字体要清晰，不可太小。

（3）电视放置高度在眼睛平行线下方一点点，看电视须距离电视画面对角线的 5～7 倍。连续看书不超过一小时，每 30 分钟休息 5 分钟。营养要均衡。多到郊外游玩，多看远处绿色旷野。需配眼镜者，应由医师检查后配镜。主动与学校取得联系，并积极配合。

四、散光的临床表现

（1）视力减退：其程度由于散光性质、屈光度高低及轴的方向等因素有较大差异，属于生理范围的散光，例如，50 度以下的散光通常对远近视力无任何影响。高度散光多由于合并弱视或其他异常，视力减退明显，并难以获得良好的矫正视力。

（2）视疲劳：较轻度散光眼患者为了提高视力，往往利用改变调节、眯眼、斜颈等方法进行自我矫正，持续的调节紧张和努力易引起眼睛疲劳。高度散光眼由于主观努力无法提高视力，视疲劳症状反而不明显。

（3）代偿性的头部倾斜：久而久之形成斜颈，常见于高度不对称散光或斜轴散光者。

（4）看远及看近时常眯眼，以减少散光。

（5）不同方向的线条清晰度不一致，夜间视力较白天更模糊。

研究发现，先天性散光非常普遍，临床上能够发现的散光眼高达 90%。大约 44% 的人有 50 度以上的散光，10% 的人有超过 100 度的散光，8% 的人有 150 度或以上的散光。

五、散光的诊断

（一）主观检查

（1）散光表观察：散光眼的主观检查可用散光表观察，初步了解被检眼的散光子午线视网膜上朦胧的物像形状。

（2）主观试镜验光：主观试镜验光一般都是在客观验光之后进行。目的在两点：第一，对单眼矫正镜片准确性的主观确定，可用交叉圆柱镜校正散光轴向和散光度，既达到最佳视力又有最舒适的视觉效果；第二，双眼视觉平衡试验，包括对普通视标、红绿色视标、立体视标等的双眼视试验。达到比较良好的双眼视觉效果。尤其是在双眼均需散光镜矫正的情况下，客观验光散光轴不在垂直或水平位，单眼试验时效果良好。但双眼视试验时，有可能出现物体变形和倾斜，视觉光学上称为空间扭曲，必须调整柱镜轴位，消除这一现象。有人认为对于双眼小角度的散光轴，柱镜轴均向邻近的水平或垂直位调整效果更好。

（二）客观检查

（1）角膜散光检查。

（2）眼散光检查：眼散光的客观测量也即为眼屈光不正的测量，即所谓的客观验光，临床上最为普遍使用的客观验光为电脑验光仪验光和检影镜检影验光。

儿童散光者可以用1%阿托品滴眼液或眼膏散瞳检查，以查出各种散光性质，必要时则使用角膜曲率计检查。

（三）确诊

散光诊断鉴别：低度散光者远、近视力一般正常；高度散光者远、近视力均差，视物模糊，初戴矫正镜及散光矫正不足时反而出现眼疲劳症状；用普拉西多（Placido）氏盘及角膜曲率计检查可以发现各种散光；试戴各类型散光镜视力能增进。

六、散光的治疗

目前西医针对散光主要是配戴眼镜予以矫正。规则性散光检影后，用合适度数的圆柱镜或球面联合圆柱镜加以矫正；非规则性散光可戴高透氧的硬性角膜接触镜加以矫正。而中医则在临床实践中发现：针对眼球正在发育中的儿童患者，可采用改善眼部及角膜微循环等中医手段措施来促进角膜向均衡方向发育，达到减轻或消除散光的目的。

儿童散光眼的治疗主要依据视力的好坏，与视疲劳的轻重而定。如果儿童为规则散光，不引起视力障碍，没有视疲劳可以不用治；如果儿童有视疲劳，不管散光度数小大，即使散光度数很轻微，也需要散瞳验光，配戴适宜的矫正眼镜。原则上全部散光度数都要矫正，但如果儿童散光度数过高，不能适应，可以先戴低度的矫正眼镜，慢慢适应，之后再配戴高度数全部矫正的眼镜。

七、散光配镜原则

散光有规则与不规则两类：不规则散光是不能用框架眼镜的镜片矫正的，唯有硬性角膜接触镜才能有效；而规则散光两者都可以矫正。至于提高视力的程度就取决于散光的程度和矫正是否准确。一般轻、中度散光的矫正视力往往达正常范围，高度散光就难以得到良好的矫正视力。尤其是高度远视散光，视远视近均不能依赖调节来看清物像。如在幼儿期不尽早矫正，视功能的发育受到一定的抑制，等年龄大了才戴矫正眼镜，矫正视力就更差，往往成中度弱视。而高度近视散光则好些，虽然视远不清楚，但近视力还是较好的，视功能还得到一定的锻炼，没有完全抑制，矫正视力较高度远视散光要好，但也应尽早矫正。高度散光矫正得早，不仅能促进视功能的发育，而且物体变形和空间定位的误差反应要小，病人能接受的程度要大，且易于适应。

散光能戴隐形眼镜吗？规则散光可以利用框架散光眼镜或散光隐形眼镜进行矫正。非规则性散光一般只能用高透氧硬性隐形眼镜进行矫正。隐形眼镜纠正散光的最大优势是稳定，同时没有像差。而框架镜如果配戴的时间久了，框架与眼睛的相对位置容易有变化，引起散光轴位纠正的偏差，反而引起眼睛不适和视力下降。而隐形眼镜纠正散光的关键是在镜片的稳定设计，在眼球转动或眨眼的情况下，也要保持不转动或极低的转动，确保轴位的稳定，从而带来清晰的视力。但是无论是配戴框架还是配戴隐形前提都是要经过专业的验光检验，因人而异地选择正确的矫正工具，只要在专业机构的认可下可以配戴隐形眼镜，那么你就可以根据检查的光度和镜片数据选购隐形眼镜了。常见的散光隐形眼镜产品有博士伦清朗散光月抛型隐形眼镜和纯视散光月抛型隐形眼镜等。

✿✿ ✿ 三、斜视 ✿ ✿✿

一、斜视的诠释

斜视是指两眼不能同时注视目标，属眼外肌疾病。可分为共同性斜视和麻痹性斜视两大类。前者以眼位偏向颞侧，眼球无运动障碍，无复视为主要临床特征；麻痹性斜视则有眼球运动受限、复视，并伴眩晕、恶心、步态不稳等全身症状。斜视病因复杂，现代西医学除针对病因及手术治疗，对病因不明者，尚无理想方法。

斜视的危害：首先是外观的影响，这也是使患者就医的主要动机。更重要的是，斜视影响双眼视觉功能，严重者没有良好的立体视力。立体视力是只有人类和高等动物才具有的高级视觉功能，是人们从事精细工作的先决条件之一。如没有良好的立体视觉，在学习和就业方面将受到很大的限制。大部分斜视患者都同时患有弱视。由于斜视患者长期一只眼注视，另一只眼将造成废用性视力下降或停止发育，日后即便戴合适的眼镜，视力也不能达到正常。在儿童时期患上斜视还会影响全身骨骼的发育，如先天性麻痹斜视的代偿头位，使颈部肌肉挛缩、脊柱发生病理性弯曲及面部发育不对称。

二、斜视的分类

眼球仅有偏斜趋向，但能被大脑融合机能所控制，使斜视不出现，并保持双眼单视。这种潜在性眼位偏斜，称为隐斜视。绝对正位眼很少，约占10%，90%的人有隐斜，多为轻度水平性隐斜而无症状。根据眼位元潜在性偏斜方向分为：内隐斜、外隐斜、垂直性隐斜和旋转性隐斜。其中内隐斜和外隐斜（两者亦称为水平性隐斜）在临床上最为常见，垂直性隐斜和旋转性隐斜少见。其病因可能与解剖异常、屈光不正或神经源性因素有关。临床上主要表现为视力疲劳。

三、斜视的预防

预防要点：

（1）预防斜视要从婴幼儿时期抓起，家长要注意仔细观察孩子的眼睛发育和变化。

（2）婴幼儿在发热、出疹、断奶时，家长应加强护理，并经常注意双眼的协调功能，观察眼位有无异常情况。

（3）要经常注意孩子的眼部卫生或用眼卫生情况。如灯光照明要适当，不能太强或太弱，印刷图片字迹要清晰，不要躺着看书，不可长时间看电视及打游戏机与电脑，不看三维图等。

（4）对有斜视家族史的孩子，尽管外观上没有斜视，也要在2周岁时请眼科医生检查一下，看看有无远视或散光。

（5）孩子看电视时，除注意保持一定距离外，不能让小孩每次都坐在同一位置上，尤其是斜对电视的位置。应时常左中右交换座位，否则孩子为了看电视，眼球老往一个方向看，头也会习惯性地向一侧歪。时间久了，6条眼肌的发育和张力就不一样，失去了原来调节平衡的作用，一侧肌肉老是处于紧张状态，另一侧则松弛，就会造成斜视。

新生儿早期因眼肌调节功能不良，常有一时性斜视过程（又称为生理性斜视），如不及时纠正，长期如此有可能发展成为斜视。

下列方法可以防治新生儿斜视：

（1）注意新生儿头位置，不要使其长期偏向一侧。

（2）小儿对红色反应较敏感，所以可在小床正中上方挂上一个红色带有响声的玩具，定期摇动，使听、视觉结合起来，有利于新生儿双侧眼肌动作的协调训练，从而起到防治斜视的作用。

四、沙眼

一、沙眼的诠释

有人以为沙眼是由风沙吹进眼睛里引起的，这是一种误解。实际上，沙眼是由沙眼衣原体引起的一种慢性传染性结膜角膜炎，是致盲眼病之一。这种衣原体常侵犯人眼的睑结膜和角膜组织，在结膜上形成小的乳头和滤泡增生。患者的结膜表面看上去粗糙不平像砂纸，因此被称为沙眼。

在新中国成立前和建国初期，沙眼曾一度广泛传播，是我国主要的致盲眼病。随着医疗卫生条件的改善和健康知识的普及，大城市中沙眼已经很少见了。然而，在偏远贫困地区，沙眼仍威胁着民众健康。沙眼的传染性很强，主要通过接触患者的生活用品传播。通常在1～2周的潜伏期后出现眼红、异物感、畏光、流泪、分泌物增多等症状，结膜则表现充血、水肿、粗糙不平等。进入慢性期时，角膜表面常出现血管翳和瘢痕。此外，长期慢性沙眼还可出现上睑下垂、眼睑内翻倒睫、慢性泪囊炎、干眼症等合并症。

沙眼衣原体对大多数抗生素不敏感，目前治疗上尚无特效药。临床上常用磺胺类、利福平、红霉素等抗生素抑制炎症反应。沙眼应以预防为主，具体措施包括：不与他人混用生活物品，有症状及早诊治，患者不进入公共浴室或游泳池。需要提醒的是，电脑键盘应经常消毒，避免多人共用，以减少沙眼的传播。本病病变过程早期结膜有浸润如乳头、滤泡增生，同时发生角膜血管翳；晚期由于受累的睑结膜发生瘢痕，以致眼睑内翻畸形，加重角膜的损害，可严重影响视力甚至造成失明。

新中国成立后，在党和政府关怀下，对沙眼开展了广泛的防治。随着人民生活水平的提高，医疗卫生条件的改善，现在沙眼的发病率已大为降低。从北京顺义区及上海、云南、陕西等地进行的眼盲与低视力流行病学抽样调查（1988）结果中可以看到，上述大部分地区致盲的主要原因是由白内障、青光眼等非感染性疾患所致。但是，云南省的调查结果显示，在云南全省18万双眼盲患者中，白内障占第一位，约8万人；沙眼及其并发症占第二位，约3万人。所以，沙眼在我国致盲原因中所占的重要地位尚不容忽视。此外，本病在亚非地区不少发展中国家仍是致盲的主要原因。

（一）沙眼引起不孕

沙眼是由于感染了衣原体而造成的一种结膜和角膜的慢性炎症性眼病。这种衣原体不仅能引起沙眼，还可能导致女性不孕。女性不孕，尤其是输卵管性不孕，其原因是多方面的，不过，真正开始把不孕当做沙眼衣原体感染的结果来认识，这还只是近些年的事情。很早以前人们就曾经注意到结核杆菌以及淋病双球菌的感染为输卵管性不孕的原因。当进入20世纪90年代后，伴随着沙眼衣原体诊断技术的不断进步，发现这一原因引起的不孕在不孕病人中占有一定比例。现已证明，这种生殖感染性疾病起源于宫颈管，可波及腹腔，于输卵管内腔、伞端以及周边发病，造成粘连，以致对拾卵和输送卵的功能产生不良影响，进而妨碍妊娠。经调查妇科门诊病人发现大约10%能够检测出沙眼衣原体。而且，年龄小的年龄组发生率较高，其发生率随着性伴侣人数的增加而上升。尤其在青春期的少女，其抗原检出率相当高。因为正处于未生育年龄，对以后的妊娠和分娩将会带来严重影响。

　　沙眼衣原体感染的症状可表现为下腹痛和性交痛。如果此时进行药物治疗，完全可以将感染治愈，进而使可能出现的并发症——输卵管损伤消灭在萌芽之中。因此，女性不孕症在未发现其他不孕原因时，应首先想到是否感染过沙眼衣原体，并做沙眼衣原体感染抗原检查。进一步的检查还包括子宫输卵管造影，可判断输卵管的通畅情况以及有无粘连。当无法确定输卵管的通畅性时，可进行腹腔镜检查，同时可进行腹腔镜下粘连剥离，这已成为一种重要治疗手段。

　　（二）沙眼引起失明

　　得了沙眼，如不积极治疗，任其发展下去，可发生严重并发症，有的可能造成视力减退，甚至失明。

　　（1）睑内翻倒睫。重症沙眼由于睑板肥厚变形，使睑缘向内卷曲，睫毛也随之内倒（倒睫毛），像毛刷一样在角膜上刷来刷去，久而久之使角膜上皮损伤，常继发细菌或病毒感染，形成角膜溃疡，继之角膜发生混浊、斑翳，甚至白斑，俗称"白蒙"，严重影响视力，重者失明。

　　（2）角膜血管翳。沙眼在侵犯结膜的同时，角膜上缘往往也被累及。可发生水肿，点状浸润，并有成排的新生血管长入角膜浅层，严重时可波及整个角膜，视力受到严重破坏。

　　（3）眼球干燥，睑球粘连。患沙眼时，由于结膜全面瘢痕化，使睑部泪腺和结膜杯状细胞（分泌黏液）遭到破坏，眼泪减少或根本无泪，角膜干燥，有的发生溃疡，结膜粗糙不平，重者形似皮肤，覆盖整个角膜，眼球转动受限，视力明显下降，甚至失明。

　　二、沙眼的预防

　　沙眼衣原体常附在病人眼的分泌物中，任何与此分泌物接触的情况，均可造成沙眼传播、感染的机会。

预防沙眼是一个重要的公共卫生问题，又由于沙眼衣原体常附着在患者眼睛的分泌物中，任何与此分泌物接触的情况均可造成沙眼传播感染的机会，因此，加强卫生宣传教育，普及卫生知识，培养良好卫生习惯，保持面部清洁，不用手揉眼，手巾、手帕要勤洗、晒干；托儿所、学校、工厂等集体单位睡眠区应进行分隔和通风，应分盆、分毛巾或用流水洗脸，加强理发室、浴室、旅馆等服务行业的卫生管理，严格毛巾、脸盆等消毒制度；合理处理垃圾，改善厕所环境，减少或消灭苍蝇，并要注意水源清洁，以阻断沙眼传播的途径，减少感染的传播，防止沙眼的感染流行。

第一，要教育孩子注意个人卫生，尤其是保持洗漱用具的清洁。

第二，要保护眼部清洁，手帕、手和脸都要勤洗，不要用脏手揉眼睛。

第三，要定期检查眼睛，及早发现，积极治疗。

三、沙眼的诊断

典型的沙眼，临床上根据睑结膜有乳头和滤泡增生，角膜血管翳及结膜瘢痕的出现，较容易诊断。对早期沙眼的诊断尚有一定困难。有时只能初步诊断为"疑似沙眼"。衣原体感染结膜后潜伏期约为 5 ~ 12 天，多发生于儿童及少年时期，患者早期无不适感觉，仅于体检时才被发现，病情发展后多数沙眼有流泪、畏光、痒涩感、异物感、烧灼感和干燥感等症状，分泌物黏稠、结膜充血显著、乳头增生、滤泡形成或瘢痕形成。少数严重的沙眼可引起很多严重的后遗症与并发症，如睑内翻及倒睫、睑球粘连、慢性泪囊炎、实质性结膜干燥症、角膜溃疡等，此时则出现明显刺激症状，视力也可不同程度地受损。

典型的沙眼在临床上容易诊断，轻型早期病例则较困难，易与其他结膜病相混淆，因为乳头滤泡并不是沙眼的特异性改变。1979 年中华医学会眼科学会决定，沙眼的诊断依据为：

（1）上穹隆部和上睑结膜血管模糊充血，乳头增生或滤泡形成，或二者兼有。

（2）用放大镜或裂隙灯角膜显微镜检查可见角膜血管翳。

（3）上穹隆部和上睑结膜出现瘢痕。

（4）结膜刮片找到沙眼包涵体。在第一项的基础上，兼有其他三项中之一者可以诊断为沙眼。

我国将沙眼分为三期。

第Ⅰ期：进行期即活动期，上穹隆部和上睑结膜有活动病变（结膜血管模糊、充血，乳头增生，滤泡形成，有角膜血管翳）。

第Ⅱ期：退行期，自瘢痕开始发现至大部变为瘢痕，结膜有活动病变，同时出现瘢痕。

第Ⅲ期：完全结瘢期，结膜仅有瘢痕，而无活动病变，无传染性。

第Ⅰ、Ⅱ期沙眼按病变严重程度又分为轻、中、重三级。

轻度者即活动病变占上睑结膜总面积1/3以下。

中度者活动病变占上睑结膜面积的1/3~2/3范围。

重度者其活动病变占上睑结膜2/3以上。

五、慢性结膜炎

一、慢性结膜炎的诠释

慢性结膜炎为由多种原因引起的结膜慢性炎症，其病因包括：细菌感染、不良环境的刺激、眼病的影响、不良的生活习惯等。其临床特点为眼部不适感、白色泡沫状分泌物、睑结膜轻度充血或充血不明显。有的人长期眼红，时轻时重，这很可能是患了慢性结膜炎。慢性结膜炎常为双侧性，有时非常顽固，久治不愈。引起本病的原因很多，其中最主要的致病原因有感染因素，可由急性炎症未治愈或治疗。

慢性结膜炎的危害很大，发作时会影响正常的工作和生活，如果不注意，还会传染给他人。若急性结膜炎转为慢性，则常年迁延不愈，有异物感、眼疲劳不适，长期如此，严重影响正常生活。严重的结膜炎还可引起上睑下垂、睑球粘连等。

慢性结膜炎主要分为感染性和非感染性两大类。感染性结膜炎是由病原微生物引起的炎症，细菌、病毒、衣原体、真菌等都有可能致病。慢性结膜炎的危害发生主要与环境和用眼习惯有关。

随着卫生条件的改善，慢性结膜炎发病逐渐减少，而非感染性的慢性结膜炎病例越来越多。这是因为，导致非感染性慢性结膜炎的原因以不良环境和生活方式为主，包括风沙、灰尘、烟雾、强光及有害气体的刺激；经常熬夜、睡眠不足、嗜烟过度、用眼疲劳等。尤其是长时间操作电脑或上网对眼睛伤害大，一方面，电脑视疲劳综合征可引起结膜炎症状；另一方面，电脑引起的干眼症也可引起或加重结膜炎。长期使用某些化妆品或眼药也是原因。

二、慢性结膜炎的预防

日常生活的注意事项：

（1）平时注意个人卫生，日常用品应该各自分用。

（2）积极治疗原发病，以免继发慢性结膜炎。

（3）老年人和体制弱的人，应该加强营养，增强抵抗力，以免感染上慢性结膜炎。

（4）平时注意休息，不要过度用眼睛；不要吃辛辣刺激性食物，忌烟酒，多吃水果蔬菜。

三、慢性结膜炎的诊断

患者自觉眼部有痒感、异物感和眼疲劳。晨起后内眦部有分泌物，白天内眦部可见白色泡沫状分泌物。结膜充血、少量乳头增生和滤泡形成，以睑结膜为主。没有眼睑水肿和结膜假膜形成，也无角膜炎的表现。炎症持续日久者，结膜可肥厚，但无掘痕和角膜血管。金黄色葡萄球菌引起者，常伴有溃疡性睑缘炎或角膜周边点状浸润。

慢性结膜炎发病率较高，为慢性眼病，用药可缓解症状，但可复发，对视力无影响。但是长时间充血会使眼看东西模糊，眨眼后有所缓解，如此反复。患者双眼干涩，症状重，但体征轻或不明显。为了消除病因，必须在户外作业时戴防护眼镜，避免烟酒过度，注意充足睡眠等，养成良好的生活习惯，及时治疗其他各种外眼病。对久治不愈者，应全面查找病因。

四、慢性结膜炎的治疗

结膜炎是由于细菌、异物或酸碱等物质所造成，除了眼睛会出现血丝外，并会流眼泪及分泌眼屎。一般急性的结膜炎只要使用抗生素的眼药水，很快就能痊愈。但若是受到化学药品的刺激就容易形成慢性结膜炎，虽然症状比较温和，但却不容易根治。

治疗首先要查找病因，消除致病因素，而后针对不同致病原因进行恰当处理。对细菌引起者给予适当抗生素眼药水及眼膏，同时加用适量的收敛性眼液。非细菌性者在查找原因并去除的基础上，局部给 0.25%~0.5%硫酸锌眼药水或适量皮质类固醇眼药。除了要做药物治疗，并须有充足的睡眠以及均衡的营养。

覆盖在白眼球上的一层薄膜即称为结膜；结膜炎的原因可能是细菌、滤过性病毒、异物、酸、碱或者是当眼睛过敏而染上结膜炎时眼睛会出现血丝，并流眼泪，分泌眼屎；结膜炎可大致区分为急性和慢性两类。急性结膜炎主要是由细菌或滤过性病毒所引起，突然出现流眼泪、眼屎增多的症状，只要使用含抗生素的眼药水，很快便可痊愈而且不会有后遗症。

慢性结膜炎除了由细菌感染之外，机械性的刺激、药品等化学性的刺激也是发病原因。与急性结膜炎相比较之下，症状比较温和，却不容易根治。因此，除了药物治疗外，充分的睡眠及均衡的营养都是重要的根本之道。另外，不要用塑料面盆洗脸，因为塑料面盆在热水下会释放出有毒物质，这也是引起慢性结膜炎的一个重要原因。要使用不锈钢面盆洗脸，先倒入开水将毛巾和面盆烫一下，然后再加入冷水调好水温洗脸，顺序不可颠倒（先倒开水后加冷水）。使用个人的脸盆及毛巾，以免传染给他人。毛巾经常要暴晒以杀灭毛巾上的细菌，杜绝慢性感染源。黄连能治一般性的眼疾，黄连具有很强的抗菌能力。可至中药房购买黄连粉饮用，一日三回，空腹时饮用。或取黄连的根5kg以200kg的水煎6min，煮开后冷却便是很好的洗眼液，可以纱布浸泡后洗眼睛。

避免刺激性强的食物，蒜的刺激性很强，有眼疾的人多吃之后，会有眼屎增多、视力减退、眼疾恶化的情形，最好在食用量上有节制。辣椒、芥末、生姜等对于充血性的眼疾也有害，长针眼时也不可多食。

其他注意事项：

相当一部分慢性结膜炎的病人会有结膜结石，结膜结石是眼睑结膜上皮陷洼或深部管状隐窝等处堆积的脱落上皮细胞和退行性细胞等的凝固物，并非真正的结石。睑结膜上有质硬的黄白色小点状突起，形如碎米，有的散开呈点状，也可密集成群分布。初起位置较深，结石还埋在结膜下边，一般无自觉症状，以后渐露出于结膜表面。只有在硬结突出于结膜表面时才有异物感，甚至引起角膜擦伤，在此情况下可在表面麻醉下用刀尖或注射针头剔出。

慢性结膜炎之所以难以根治，主要是因为一些刺激因素往往未能及时消除，所以除了点眼药水和热敷治疗之外，应设法改善环境，尽量减少接触刺激源，对必须在有较多烟尘或其他刺激性因素等存在的特殊环境里工作的人，配戴有罩的风镜是预防慢性结膜炎的较好方法。另外，注意消除不良卫生习惯，保持充足的睡眠，戒烟限酒，避免化妆品、洗发液等刺激对于预防慢性结膜炎也很重要。实践证明，只要病因明确，治疗和保养得当，多数慢性结膜炎是能治愈的。

最后，值得注意的是，慢性结膜炎并不是导致眼睛长期发红充血的唯一原因。如果眼睛长期发红充血，除了慢性结膜炎外，也要考虑有其他疾病的存在，如慢性角膜炎、慢性虹膜睫状体炎、颈内动脉海绵窦瘘等疾病。因为这些疾病也可以表现为眼睛长期发红充血，容易被误诊，不可大意。

六、白内障

一、白内障的诠释

白内障是发生在眼球里面晶状体上的一种疾病，任何晶状体的混浊都可称为白内障，但是当晶状体混浊较轻时，没有明显地影响视力而不被人发现或忽略而没有列入是白内障。根据调查，白内障是最常见的致盲和视力残疾的病因，人类约25%患有白内障。

凡是各种原因如老化、遗传、局部营养障碍、免疫与代谢异常、外伤、中毒、辐射等，都能引起晶状体代谢紊乱，导致晶状体蛋白质变性而发生混浊，称为白内障。此时光线被混浊晶状体阻扰无法投射在视网膜上，就不能看清物体。世界卫生组织从群体防盲、治盲角度出发，对晶状体发生变性和混浊，变为不透明，以致影响视力，而矫正视力在0.7或以下者，才归入白内障诊断范围。

二、白内障的预防

（1）注意精神调节：遇事泰然处之，心胸应宽广，保持情绪舒畅，要制怒。培养对养花、养鸟、养金鱼的兴趣来陶冶情操，多与年轻人交谈，能分散对不愉快事情的注意力，激起旺盛的生活热情，能起到阻止和延缓病情进展的作用。

（2）加强用眼卫生，平时不用手揉眼，不用不洁手帕、毛巾擦眼、洗眼。用眼过度后应适当放松，久坐工作者应间隔（1~2）h 起身活动（10~15）min，举目远眺或做眼保健操。要有充足的睡眠，及时消除疲劳。

（3）积极防治慢性病，包括眼部的疾患及全身性疾病。尤其是糖尿病最易并发白内障，要及时有效地控制血糖，防止病情的进一步发展。

（4）饮食宜含丰富的蛋白质、钙、微量元素，多食含维生素 A、B、C 和 D 的食物。平时多食鱼类，能保持正常的视力，阻缓病情的进展。

（5）吸烟易患白内障已被实践所证实，应及早戒烟。

三、白内障的临床表现

白内障多为双侧性，但两眼发病可有先后。视力进行性减退，有时在光亮的背景下可以看到固定的黑点。由于晶体不同部位屈光力变化，可有多视、单眼复视和近视度的增加。临床上将老年性白内障分为皮质性、核性和囊下三种类型。

（1）皮质性白内障：以晶体皮质灰白色混浊为主要特征，其发展过程可分为四期：初发期、未成熟期、成熟期、过熟期。

（2）核性白内障：晶体混浊多从胚胎核开始，逐渐扩展至成人核，早期呈黄色，随着混浊加重，色泽渐加深如深黄色，深棕黄色。核的密度增大，屈光指数增加，病人常诉说老视减轻或近视增加。早期周边部皮质仍为透明，因此，在黑暗处瞳孔散大视力增进，而在强光下瞳孔缩小视力反而减退。故一般不等待皮质完全混浊即行手术。

（3）后囊下白内障：因混浊位于视轴区，早期即影响视力。

四、病理

引起白内障的因素很多，老年人因年龄新陈代谢功能减退导致的白内障是最常见的"老年性白内障"，其他全身疾病如糖尿病也常并发白内障，眼局部外伤是继发性白内障的一个重要原因，眼球穿孔异物进入晶状体必然会发生白内障，即或没有穿孔的眼部挫伤也可以引起白内障。其次眼内炎症（如葡萄膜炎），眼内疾病（如视网膜脱离，眼内肿瘤）都能引起白内障。

先天性白内障可以发生在出生前或出生后，而家族遗传因素也可使儿童白内障早期发生。其他和白内障发病有关的因素有过度暴露于阳光紫外光下，这可能是热带国家中白内障多发的原因之一。在发展中国家，营养不良也可能是白内障早发的一个原因。近来的研究还表明，幼年反复的急性腹泻也可导致白内障的发生。某些常用药，尤其是眼部或全身长期应用皮质类固醇，都能导致白内障。

五、白内障的治疗

药物治疗：药物治疗没有确切的效果，目前国内外都处于探索研究阶段，一些早期白内障，用药以后病情可能会减慢发展，视力也稍有提高，但这不一定是药物治疗的结果，因为白内障的早期进展至成熟是一个较漫长的过程，它有可能自然停止在某一发展阶段而不至于严重影响视力。一些中期白内障患者，用药后视力和晶状体混浊程度都未改善。近成熟期的白内障，药物治疗更无实际意义了。目前临床上常用的药物不下几十种，有眼药水或口服的中西药，但都没有确切的治疗效果。

六、手术治疗

白内障超声乳化术：为近年来国内外开展的新型白内障手术。此手术目前主要集中在我国比较先进的大中城市开展。使用超声波将晶状体核粉碎使其呈乳糜状，然后连同皮质一起吸出，术后保留晶状体后囊膜，可同时植入房型人工晶状体。老年性白内障发展到视力低于0.3、晶状体混浊在未成熟期、中心核部比较软，适合做超声乳化手术。其优点是切口小，组织损伤少，手术时间短，视力恢复快。

白内障囊外摘除术：与老式的囊外摘除术不同，它须在手术显微镜下操作，切口较囊内摘出术小，将混浊的晶状体核排出，吸出皮质，但留下晶状体后囊。后囊膜被保留，可同时植入后房型人工晶状体，术后可立即恢复视力功能。因此，白内障囊外摘除已成为目前白内障的常规手术方式。

白内障囊内摘除术：是将混浊的晶状体完整地从眼内取出的一种手术。此手术需要较大的手术切口，因手术时晶状体囊一并被摘除，故不能同时植入后房型人工晶状体。术后的注意事项：植入人工晶状体后，一般应注意以下几个问题：

（1）思想上要重视，不要认为手术后就万事大吉，应加强观察，注意术眼有无疼痛，人工晶状体位置有无偏斜或脱位，眼前节有无炎症，有无渗出液，虹膜及瞳孔是否发生粘连等。术后每周去医院检查 1 次，包括视力、人工晶状体及眼底情况。1 个月后遵医嘱，定期复查。

（2）术后 3 个月应避免剧烈运动，尤其是低头动作，避免过度劳累，防止感冒。

（3）术后 1 个月内每日数次滴用激素及抗生素眼药，并且遵医嘱滴用作用较弱的扩瞳眼药，以防止瞳孔粘连。对长期滴用激素类眼药者，应注意眼压情况，避免产生激素性青光眼。

（4）保持大便通畅，少吃刺激性食物，忌烟酒，多吃水果及蔬菜。

（5）术后 3 个月应到医院常规检查，并做屈光检查，有屈光变化者可验光配镜加以矫正。一般 1 个月后可正常工作和学习。

七、白内障患者吃什么好

（1）维生素：科学家研究发现，维生素 C 具有防止白内障形成的作用，它可减少光线和氧对晶状体的损害。如果维生素 C 摄入不足，易于引起晶状体变性。因此，老人平时应多吃些富含维生素 C 的番茄、菠菜、洋葱、大白菜、四季豆等新鲜蔬菜以及草莓、橘子、柚子、橙子等水果。另外，科学家指出，血液中维生素 E 含量低也会诱发白内障。因为维生素 E 降低时会增加氧化反应，易使晶体的蛋白质凝集变为混浊。饮食中适当吃些卷心菜、花菜、葵花子油、花生油、谷类、豆科、深绿色植物、肝、蛋和乳制品等，即可从中获得较多的维生素 E。不久前发表的一个研究报告表明，膳食中摄入 β－胡萝卜素和其他类胡萝卜素最多的人，较摄入最少的人患白内障的风险降低一半。膳食里含有丰富的维生素 A 可以使患白内障的风险降低 40%。β－胡萝卜素多含于深绿色叶片的蔬菜中。此外，橙色及红色的果蔬中也较多，如番茄、桃子、西瓜及胡萝卜等。动物的肝脏、蛋奶是维生素 A 最好的直接来源，油菜、菠菜、荠菜、茴香、南瓜、番茄等蔬菜中所含有的维生素 A 原也能在肝脏转变为维生素 A。

（2）微量元素：人视觉的敏锐程度与硒有直接关系，缺硒能诱发晶状体混浊而导致白内障，这早已为科学家所证实。富含硒的食物有动物肝、肾、心、鱼虾、乳类、蛋黄、瘦肉、香菇、木耳、芝麻等。我国有研究发现，血清锌水平与白内障发病率有关，体内血清锌水平越低，白内障的发病率越高。在动物性食物中，牡蛎、鱼、瘦肉、动物肝、肾、蛋类及奶制品中含锌量高，其中以牡蛎中含锌量最高，每 100g 牡蛎中含锌量达 14mg 之多。

（3）茶：医学家们在大量的观察对比中发现，每日能够喝上 5 杯茶的老人，他们患白内障的可能性较不喝茶或很少有喝茶习惯的老人要低得多，并且多少喝上一些茶的人较那些从不喝茶的老人其白内障的发病率也较低。学者们认为，这与茶叶中所含有的大量的鞣酸有关。现代医学认为，白内障是由于体内的氧化反应所产生的自由基作用于眼球的晶状体的缘故。而茶叶中所含有的大量的鞣酸可以阻断体内产生自由基的氧化反应的发生，茶水对白内障可以起到有效的预防作用。因此，老年人最好能够养成每日多喝茶的习惯，因为这样可以预防老年性白内障的发生，同时还可阻碍白内障程度的加深。

（4）此外，应多饮水，每天至少饮一升半水。

八、白内障患者不适宜吃什么

饮食上没有什么严格的忌口，但不要喝过多的牛奶，每天以（250～500）g为宜，因牛奶中含乳糖，会促成白内障。

七、青光眼综合征

一、青光眼的诠释

青光眼是一种发病迅速、危害性大、随时导致失明的常见疑难眼病。特征就是眼内间断或持续性升高的水平超过眼球所能耐受的程度而给眼球各部分组织和视功能带来损害，导致视神经萎缩、视野缩小、视力减退，失明只是时间的早晚而已，在急性发作期（24～48）h即可完全失明。青光眼属双眼性病变，可双眼同时发病或一眼起病，继发双眼失明。

青光眼是一种引起视神经损害的疾病。视神经由很多神经纤维组成，当眼内压增高时，可导致神经纤维损害，引起视野缺损。早期轻微的视野缺损通常难以发现，如视神经严重受损，可导致失明。尽早地进行青光眼的检查、诊断和治疗是防止视神经损害和失明的关键。

青光眼的病因：前房是位于角膜之后、虹膜和瞳孔之前的空隙，后房则在虹膜、瞳孔之后，晶状体之前。前、后房内充满了透明的液体，我们称之为房水，房水在前、后房内不断地循环流动，并且不断地生成、排出，使眼压维持在一个稳定的水平。（需要注意的是，房水并不是我们泪水的一部分）。眼球内是一个封闭的结构，如果房水排出通道一房角阻塞，房水排出受阻，眼内压升高，引起眼球壁压力太大，则导致视神经损害。

青光眼并发症：①急性闭角青光眼，常合并恶心、呕吐、发热、寒战及便秘等，少数病人可有腹泻发生。②慢性闭角青光眼，常伴有视蒙、虹视。③最严重的并发症是失明。

二、青光眼的分类

青光眼的种类主要有四种：先天性青光眼、原发性青光眼、继发性青光眼、混合型青光眼。各种类型的青光眼的临床表现及特点各不相同。

（一）先天性

根据发病年龄又可为婴幼儿性青光眼及青少年性青光眼。30 岁以下的青光眼均属此类范畴。先天性青光眼形成的原因是胚胎发育过程中，眼前房角发育异常，致使房水排出受阻，引起眼压升高。25% ~80% 的病人半年内显示出来，90% 的患儿到一岁时可确诊。10% 的病人在 1 ~6 岁时出现症状。

（1）婴幼儿性青光眼：一般将 0 ~3 岁青光眼患儿归为此类。此型是先天性青光眼中最常见者。母体内即患病，出生后立即或缓慢表现出症状。一般是双眼性病变，但却不一定同时起病，也有 25% ~30% 患儿单眼发病。临床表现为出生后眼球明显突出，颇似牛的眼睛，故称为"牛眼"，具有怕光、流泪、喜揉眼、眼睑痉挛、角膜混浊不清、易激动哭闹、饮食差或呕吐、汗多等全身症状。此型的预后关键在于及时正确诊断，因为小儿眼球壁正处于发育阶段，查眼压，可能正常，而眼底检查不好配合，所以缺乏青光眼丰富临床经验的大夫易失误诊此类患者，一旦确诊，视神经早已经萎缩了。

（2）青少年性青光眼：发病年龄 3 ~30 岁之间。此型临床表现与开角型青光眼相似，发病隐蔽，危害性极大。近年来此型多发生于近视患者且有发病率不断上升的趋势。90% 以上的患者并不表现为典型青光眼症状，而是以"近视、视疲劳、头痛、失眠",甚至不知不觉失明而来就诊,详细检查才知道是青光眼。有的患者查出来青光眼,但自己错误地认为,我现在又没有什么感觉,视力也可以,不可能像大夫说的那么严重。等到真正失明了,那时后悔也来不及了,只能在黑暗中痛苦地度过终生。

（二）原发性

根据前房前角的形态及发病缓急,又分为急、慢性闭角型青光眼、开角型青光眼等。

（1）急性闭角型青光眼:急性闭角型青光眼的发生,是由于眼内房角突然狭窄或关闭,房水不能及时排出,引起房水涨满、眼压急剧升高而造成的。多发于中老年人,40岁以上占90%。女性发病率较高,男女比例为1:4。来势凶猛,症状轻剧,发病时前房狭窄或完全关闭,表现为突然发作的剧烈眼胀头痛、视力锐减、眼球坚硬如石、结膜充血、恶心呕吐、大便秘结、血压升高,此时全身症状较重易被误诊为胃肠炎、脑炎、神经性头痛等病变。如得不到及时诊治,（24~48）h即可完全失明,无光感,此时称"暴发型青光眼",但临床上有部分患者对疼痛忍受性轻强,仅表现为眼眶及眼部不适,甚则眼部无任何症状,而转移至前额、耳部、上颌窦、牙齿等部疼痛。急性闭角型青光眼,实则是因慢性闭角型青光眼反复迁延而来。

（2）慢性闭角型青光眼:此型占原发性青光眼患者50%以上,发病年龄30岁以上。近年来,随着生活节奏的不断加快,社会竞争日趋激烈,脑力劳动者有急剧升高的趋势。此型发作一般者有明显的诱因,如情绪激动、视疲劳、用眼用脑过度、长期失眠、习惯性便秘、妇女在经期,或局部、全身用药不当,均可诱发。症状表现为眼部干涩、疲劳不适,胀痛、视物模糊或视力下降、虹视、头昏痛、失眠、血压升高。休息后可缓解,有的患者无任何症状即失明,检查时,眼压可正常或波动,或不太高（20~30）mmHg左右,眼底早期可正常,此型最易被误诊。如此反复发作,前房角一旦粘连关闭即可形成暴发型青光眼。

（3）原发开角型青光眼：多发生于 40 岁以上的人。25％ 的患者有家族史。绝大多数患者无明显症状，有的直至失明也无不适感。发作时前房角开放。此型的诊断最为关键，目前一旦西医确诊都已经有明显的眼底改变，因此必须全面、认真排除每一个有青光眼苗头的患者。早期诊断，早期治疗，不要非等到确诊为青光眼才去治疗，那时已丧失最佳治疗时机。

（三）继发性

由眼部及全身疾病引起的青光眼均属此类，病因颇复杂，种类繁多，现仅简述最常见的几种继发性青光眼：

（1）屈光不正（即近视、远视）继发青光眼：由于屈光系统调节失常，睫状肌功能紊乱，房水分泌失衡，加之虹膜根部压迫前房角，房水排出受阻，所以引起眼压升高。此类患者的临床特点是自觉视疲劳症状或无明显不适，戴眼镜无法矫正视力，易误诊，故有屈光不正病史的患者一旦出现无法解释的眼部异常时应及时找有青光眼丰富临床经验的大夫，详细检查。

（2）角、结膜、葡萄膜炎继发青光眼：眼内炎症引起房水混浊、睫状肌、虹膜、角膜水肿、房角变浅，或瞳孔粘连，小梁网阻塞，房水无法正常排出引起眼压升高。目前西医对此病一般用抗生素、激素对症治疗，人为干扰了自身免疫功能，使病情反复发作，迁延难愈。

（3）白内障继发青光眼：晶体混浊在发展过程中，水肿膨大，或易位导致前房相对狭窄，房水排出受阻，引起眼压升高，一旦白内障术后，很快视神经萎缩而失明。

（4）外伤性青光眼：房角撕裂、虹膜根部断离或前房积血、玻璃体积血、视网膜震荡，使房水分泌、排出途径受阻继发青光眼视神经萎缩，如能积极中药治疗预后良好，手术只能修复受损伤的眼内组织。但其引起的眼底损伤无法纠正，所以此型病人一般在当时经西医处理后，认为就好了，不再治疗，一旦发现已视神经萎缩，造成严重的视力损害。

（四）混合型

两种以上原发性青光眼同时存在，临床症状同各型合并型。

（五）手术所致

玻璃体及视网膜脱离手术所致青光眼。在术后第 1 天即可发生，多为急性眼压升高，也可发生在术后半年以上，表现为隐匿性或慢性的眼压升高。）

三、青光眼的预防

青光眼是老年人常见的一种眼病，也是最易造成失明的眼病之一。正常的眼球，经常保持一定的紧张度，这种紧张度是眼内容物对于眼球壁所加的压力而形成，医学上称为眼压。中国正常人的眼压在(1.4~2.8) kpa，眼内房水的产生和循环障碍是造成眼压升高引起青光眼的主要原因。青光眼病人的眼压，常常超过 3kpa，有的高达 10kpa 以上。由于眼压过高，视神经和黄斑部受压迫而发生功能失常，于是引起视力减退、头痛、眼痛、视力模糊不清、看灯光周围有虹圈、眼球坚硬如石等。若不及时治疗，往往导致失明，因此加强预防，非常重要。

（1）保持愉快的情绪：生气和着急以及精神受刺激，很容易使眼压升高，引起青光眼。因此平时要保持愉快的情绪，不要生气和着急，更不要为家务琐事焦虑不安。

（2）保持良好的睡眠：睡眠不安和失眠，容易引起眼压升高，诱发青光眼。老年人睡前要洗脚、喝牛奶，帮助入睡，必要时服催眠药。尤其是眼压较高的人，更要睡好觉。

（3）少在光线暗的环境中工作或娱乐：在暗室工作的人，每(1~2) h 要走出暗室或适当开灯照明。情绪易激动的人，要少看电影，看电视时也要在电视机旁开小灯照明。

（4）避免过劳：不管是体力劳动还是脑力劳动，身体过度劳累后都易使眼压波动。因此要注意生活规律，劳逸结合，避免过劳。

（5）不要暴饮暴食：暴饮暴食，大吃大喝，都会使眼压升高，诱发青光眼。老年人要"饭吃八分饱"，不吸烟，不喝酒，不喝咖啡，不喝浓茶，不吃辛辣及有刺激性的食物。

（6）多吃蜂蜜及其他利水的食物：蜂蜜属于高渗剂，口服蜂蜜后，血液中的渗透压就会升高，于是把眼内多余的水分吸收到血液中来，从而降低眼压。除此以外，西瓜、冬瓜、红小豆也有利水降压的作用。老年人适当多吃些，对身体大有好处。

（7）常摸自己的眼球、看灯光：青光眼的特点是眼球发硬，看灯光有虹圈，发现后及早治疗。

（8）防止便秘：便秘的人大便时，常有眼压增高的现象，要养成定时大便的习惯，并多吃蔬菜、水果。

（9）坚持体育锻炼：体育锻炼能使血流加快，眼底淤血减少，房水循环畅通，眼压降低。但不宜做倒立，以免使眼压升高。

（10）主动检查：老年人每年要量一次眼压，尤其是高血压病人。发现白内障、虹膜炎也要及早治疗，以免引起继发性青光眼。

以下几方面对早发现、早诊断很有帮助：

（1）家族史：家庭成员有青光眼病史，并自觉头痛、眼胀、视力疲劳，特别是老花眼出现较早者或频换老花眼镜的老年人，应及时到眼科检查并定期复查。

（2）查眼压：在青光眼早期眼压常不稳定，一天之内仅有数小时眼压升高。因此，测量24h眼压曲线有助于诊断。

（3）眼底改变：视盘凹陷增大是青光眼常见的体征之一。早期视盘可无明显变化，随着病情的发展，视盘的生理凹陷逐渐扩大加深，最后可直达边缘，形成典型的青光眼杯状凹陷。视盘邻近部视网膜神经纤维层损害是视野缺损的基础，它出现在视盘或视野改变之前。因此，可作为开角型青光眼早期诊断指标之一。

（4）查视野：视野是诊断开角型青光眼的一项重要检查。开角型青光眼在视盘出现病理性改变时，就会出现视野缺损。

四、饮食

青光眼是因为眼内房水产生较多或流通受阻造成眼压增高、视力障碍的一种眼病。当病人饮用过多的液体时，人体内血容量增加，房水生成亦相应地增多，如果短期内摄入大量水分，则会引起眼压明显升高，造成青光眼急性发作。因此，青光眼病人不可在短时间内饮大量水分，包括饮料、牛奶等；还有一些饮料，如咖啡、浓茶等，对神经系统容易产生兴奋作用，也不宜大量饮用。如果进食一些有利于降低眼压的饮食，则对青光眼的康复有益。若病人没有糖尿病，选用含糖多的食品，可使血液渗透压升高，加快眼内房水的吸收，减少房水的生成，有利于降低眼压。蜂蜜是其中含糖较多的食品。还有一些具有利尿作用的食物，如赤小豆、西瓜、丝瓜等，应该经常选食，对于防止眼压升高有一定的作用。

治疗青光眼的关键是降低眼压，以下食物疗法具有较好的降眼压作用，可选择食用。

（1）蜂蜜与甘油。食疗青光眼以蜂蜜为上乘。急性青光眼，口服蜂蜜或甘油 100mL，可缓解症状；慢性而眼压持续偏高者，可用 50% 蜂蜜或甘油，每次口服 50mL，一日 2 次。蜂蜜和甘油属于高渗剂，服后可使血液渗透压增高，有利于眼内房水吸收，从而使眼压降低。

（2）利水食物。多食赤豆、薏仁、西瓜、冬瓜、丝瓜、金针菇等利水（尿）食物，可辅以中西医惯用利水（尿）药对青光眼进行治疗，故又称为辅佐疗法。

（3）润肠食物。青光眼患者常有便秘症状，这对机体很有害，可引起自体中毒，能溶解血管内皮及细胞间质，影响正常的血液循环，可促使眼内房水分泌增加而致眼内压升高。可多服蜂蜜、麻油、菜油等植物油，以改善肠道的润滑度。还可多食香蕉、萝卜、生梨、柠檬、柑橘、西瓜、香瓜、西红柿等瓜果与富含纤维素的蔬菜与粗粮等，以通便。

自我保健有以下几个要点：

（1）精神因素。精神对青光眼的病情往往有较明确的影响，经测定发现，青光眼患者具有明显的抑郁、焦虑情绪，因此患者保持心情舒畅有利于控制病情；若情绪波动则会明显影响眼压波动。

（2）天气因素。闭角型青光眼发病多见于黄昏、傍晚时，阴沉天气以及寒冷季节；青光眼患者冬季的眼压一般比夏季的要偏高一些。青光眼患者或有青光眼家族史的易感人群应对天气多加注意。

（3）注意劳逸结合。过度疲劳会影响植物神经系统，交感神经的稳定性受到影响，也易诱发青光眼和眼压升高。

（4）生活须有规律。普通人群要戒烟戒酒，不应暴饮暴食，这对稳定血管神经和内分泌系统均有利。健康的生活方式可减少青光眼的发病机会，也有利于青光眼患者控制病情。

八、老花眼

一、老花眼的诠释

老花眼是指上了年纪的人，逐渐产生近距离阅读或工作困难的情况。这是人体机能老化的一种现象。老花眼在西医上又称为老视，多见于40岁以上的人。其症状为晶状体硬化，弹性减弱，睫状肌收缩能力降低而致调节减退，近点远移，故发生近距离视物困难。

二、老花眼的预防

（1）冷水洗眼：每天在晨起和睡前用冷水洗眼洗脸。将眼睛浸泡在洁净的冷水中（1～2）min 或用手泼水至眼中，再用毛巾擦干眼部，然后用手指轻揉眼睛周围 30 次左右。

（2）定时远眺：每天早起、中午、黄昏前，远眺 1～2 次左右，要选最远的目标，目不转睛地视物 10min 左右。

（3）经常眨眼：常眨眼可以振奋和增强眼肌动能，延缓衰老。做法是一开一闭地眨眼，每次 15 次左右，同时用双手轻揉双眼，滋润眼球。

（4）旋转眼球：顺时针和逆时针循环旋转，可改善眼肌血液循环，提神醒目。

（5）热敷护眼：用热毛巾敷在眼睛上，交换几次，可使眼部血管流畅，供给眼肌氧分和营养。

（6）防眼疲劳：看书报和电视时，保持一定的距离，时间不宜过长，防止眼肌和视力过度疲劳。

三、老花眼的临床表现

老花眼又称"视敏度功能衰退症"，最直接表现为近距离阅读模糊、疲劳、酸胀、多泪、畏光、干涩及伴生头痛等症状。中老年人常说的"四十七八，两眼花花"、"眼力差多了"及"眼神不济了"都属老花眼典型症状。大幅度降低工作效率，也是老花眼的最大祸害。与许多慢性病一样，初期老花眼往往得不到应有的重视，发展成白内障、视力急衰症等严重疾病后才去治疗时，增加了治愈难度。

老花眼是指 40 岁以上的人视远尚清，视近模糊的眼病，相当于西医的老视，是人体衰老变化的一种表现，由于年龄增加而导致晶珠调节力减弱而发生的近视力下降。老视的程度与年龄的大小有一定的规律，但远视眼患者出现老花眼要比正常眼稍早，而近视眼患者出现此症要比正视眼晚些，或终身不用老花镜。

老花眼患者多为年老体弱者，肝之精渐衰或劳瞻竭视，阴血暗耗，阴精不足，不能配阳，故目中光华虽可发越于外，但不能收敛视近。临床可见视远如常，视近则模糊不清，将目标移远即感清楚，故常不自主地将近物远移。随着年龄的增长，即使将书报尽量远移，也难得到清晰视力，并可伴有眼胀、干涩、头痛等症状。老花眼患者的年龄多在40岁以上。戴凸透镜后，近视力能提高。

（一）病因病理

老花眼是人体生理上的一种正常现象，是身体开始衰老的信号。随着年龄的增长，眼球晶状体逐渐硬化、增厚，而且眼部肌肉的调节能力也随之减退，导致变焦能力降低。因此，当看近物时，由于影像投射在视网膜时无法完全聚焦，看近距离的物件就会变得模糊不清。即使注意保护眼睛，眼睛老花的度数也会随着年龄的增长而增加，一般是按照每5年加深50度的速度递增。根据年龄和眼睛老花度数的对应表，大多数本身眼睛屈光状况良好，也就是无近视、远视的人，45岁时眼睛老花度数通常为100度；55岁提高到200度；到了60岁左右，度数会增至250度~300度。此后眼睛老花度数一般不再加深。

引起老花眼的原因是眼内"过氧化脂质"堆积过多，而"过氧化脂质"过多容易引起老花眼、白内障和心脑血管等方面的疾病。所以，老花眼是人体健康的第一张"黄牌"，不及时治疗，后患无穷。

（二）认识误区

老花眼常被当成年老的标志，不少四十刚出头的人老花之后，因为不服老而硬撑着不肯戴老花镜来矫正视力，这样反而加重眼睛负担。老花眼如果不戴眼镜，即使勉强看清近方目标，也会由于强行调节，睫状肌过度收缩，而产生种种眼睛疲劳现象，如头痛、眉紧、眼痛、视物模糊等视力疲劳症状。

老花眼是病，而且是严重的病，不治，后患无穷。老花镜作为"老花眼"的辅助工具只能临时看个书、填个单据什么的，绝对不可能"治疗"老花眼。

（三）自我护理

（1）经常眨眼。利用一开一闭的眨眼方式来振奋、维护眼肌，然后用双手轻揉眼部，这样能使眼肌经常得到锻炼，延缓衰老。

（2）经常转动眼睛。眼睛经常向上、下、左、右等方向来回转动，可锻炼眼肌。

（3）正确掌握阅读方法。读书时要舒适地坐着，全身肌肉放松，读物距离眼睛30cm以上，身体不要过分前倾，否则，会引发背部肌肉的劳损。不要在床上躺着看书，过度疲劳时不要强行读书。

（4）从暗处到阳光下要闭目，不要让太阳光直接照射到眼睛。看电视、电影的时间不宜过久，保持好视力。

（5）注意锻炼、合理膳食。要多做全身运动，增加全身血液循环。多食富含维生素、优质蛋白的食物，如瘦肉、鱼、牛奶等。常吃黑豆和黑芝麻可使视力减缓衰退。

（6）按摩眼睛。两手食指弯曲，从内眼横揉至外眼角，再从外眼角横揉至内眼角，用力适中；再用食指尖按太阳穴数次。每日早晚各做一遍，不仅可推迟眼老花，还可防治白内障等慢性眼病的发生。

四、老花眼的治疗

验光配镜是可靠、有效的方法。应在排除近视、远视的因素后，以既能看清近物，又无不适为原则，配用适合眼镜。老花镜度数一般对于40岁左右患者，正视眼用 + 1.00D 镜片，以后每增加 5 岁酌情增加 +0.5D ~ +1.00D;如原有屈光不正，配镜度数应为原屈光不正度数加老花度数。若老花镜度数提高较快，而频换眼镜亦难得到满意者，应及时排除圆翳内障、青风内障等眼疾。

（一）配镜学问

戴老花镜也大有学问，必须经过准确的验光再配镜，而且每5年还要重新验光、配镜，否则戴了不合适的眼镜，只会适得其反，甚至还会掩盖一些眼病，如白内障、糖尿病在眼部的表现等。现代老花眼镜多采用渐进式镜片，镜片共分三部分，上方看远物（上光区），下方位置看近距离（近光区），中间部分（中光区）用来看中距离的物件，三个光区之间会随着度数的深浅而呈渐进式变化，从而调节看不同距离的物体，戴上它既可近瞧也可远看。眼花后绝不能遇见卖老花镜的就随意掏钱买下，其实，这些传统的老花镜只用来帮助"近瞧"，远望时绝不能戴。

（1）误区1：图便宜随便买一副。

随便购买度数、瞳距固定的老花镜，很难与佩戴者实际度数、瞳距、脸型及脑型相匹配，不但无法使老人的视觉达到最佳效果，反而会产生视觉干扰，出现眼疲劳等现象。

（2）误区2：一副老花镜戴到底。

一副老花镜戴到底，镜片出现划痕、老化等现象时，造成通光量下降，影响镜片成像质量，加速眼睛老花上升。老花眼要定期复查视力、调校镜架、适时更换镜片。

（3）误区3：放大镜代替老花镜。

放大镜代替老花镜，折合成老花镜相当于1000～2000度，长时间这样"纵容"眼睛，等再配老花镜时就很难找到合适的度数了。

（4）误区4：多人共用一副老花镜。

夫妻共用一副老花镜，肯定有一方迁就了另一方，迁就的结果就是眼睛的视力状况越来越差，老花度数上升快，看东西越来越吃力。

（5）误区5：年轻不会老花。

现代人读书、看报、用电脑或手机炒股等，一切都离不开眼睛。眼睛高度早衰现象普遍，老花眼有可能提前发生，以前是"花不花，四十八"，现在已提前至四十出头。

（6）误区6：老花眼会自己变好。

不戴老花镜也能看书，出现这种情况，是得了早期白内障，晶状体发生了混浊，吸收水分后引起屈光变化，类似近视，正好"抵"去老花的度数，变得看近物可以不戴老花镜了。

（7）误区7：老花眼是正常生理现象，不存在保健问题。

人到一定年龄后，除老花眼以外，常有干眼症、白内障、青光眼、老年性黄斑变性等很多眼病，均会影响视觉功能。发生老花眼后，应到正规医院详细检查。平时阅读、看电脑等时间不宜过长，并要经常远眺、瞬目、多做户外运动、合理饮食。

（8）误区8：近视眼永远不会发生老花。

事实上，眼睛原有的屈光状态影响老视症状出现得早晚。年轻时有远视眼者，老花出现的早，近视眼老花出现得较晚或不发生。但并不是所有近视眼，在任何年龄都不需要戴花镜。

（9）误区9：老花眼随着年龄的增长，度数不会改变。

事实上，人的老花镜随着度数的增长，大约每5年应更换一次。

（10）误区10：老花镜是一种商品，可随意购买。

老花镜是一种特殊商品，不能随便购置，其验配应因人而异。不了解原来的屈光状态，就无法确定老花镜的度数，老花镜必须到医院或视光专业机构验配。

（二）老花眼食疗与方剂

对于人体衰老的规律，中医在两千多年前就有认识。老花眼主要缘于脾胃肝肾的自然衰老，脏腑精气不能上输营养目瞳。枸杞子为补益肝肾的要药，也能明目；菊花可以清肝明目，两者配合，一清一补，标本兼顾，对眼睛有明显的保护作用。

菊花枸杞茶可防治老花眼。白菊花、枸杞子各5g，用开水冲泡，代茶饮，每日1剂，坚持服用3个月。有滋补肝肾、清肝明目的功效。尤其适宜老花眼视物不清者。

（1）山药羹。

配方：山药50g，白糖适量。

功效：健脾固肾。

用法：每日服用1次。

制法：山药切成小块，加水煮熟，加入白糖少许，略煮片刻即成。

（2）老花眼烤红薯。

配方：新鲜红薯（红紫皮黄心者）300g。

功效：健脾益肾。

用法：酌量分食。

制法：将红薯洗净，放入炉火中或烤箱中烤熟即可。

（3）韭菜羊肝粥。

配方：韭菜150g，羊肝200g，大米100g。

功效：补肝血，养阴，明目。

用法：适量食用。

制法：韭菜洗净切碎，羊肝切小块，与大米同煮成粥即可。

（4）胡萝卜小米粥。

配方：胡萝卜50g，小米50g。

功效：益脾开胃，补虚明目。

用法：每日1次，连服2周。

制法：将胡萝卜洗净切丝，与小米同煮成粥即可。

九、夜盲症

一、夜盲症的诠释

顾名思义,夜盲就是在暗环境下或夜晚,视力很差或完全看不见东西。夜盲症俗称"雀蒙眼",在夜间或光线昏暗的环境下视物不清,行动困难。

二、夜盲症的分类

(一)暂时性夜盲

由于饮食中缺乏维生素 A 或因某些消化系统疾病影响维生素 A 的吸收,致使视网膜杆状细胞没有合成视紫红质的原料而造成夜盲。这种夜盲是暂时性的,只要多吃猪肝、胡萝卜、鱼肝油等,即可补充维生素 A 的不足,很快就会痊愈。

(二)获得性夜盲

往往由于视网膜杆状细胞营养不良或本身的病变引起。常见于弥漫性脉络膜炎、广泛的脉络膜缺血萎缩等,这种夜盲症随着有效的治疗、疾病的痊愈而逐渐改善。

(三)先天性夜盲

先天性夜盲是先天遗传性眼病,如视网膜色素变性,杆状细胞发育不良,失去了合成视紫红质的功能,因此患者发生了夜盲。

三、夜盲症的预防

(1)预防夜盲症并不难,多吃一些维生素 A 含量丰富的食品,如:鸡蛋、动物肝脏等。

(2)首先要科学安排营养,特别对婴儿和发育时期的青少年,应提倡食品多样化，除主食外，副食方面包括鱼、肉、蛋、豆类、乳品和动物内脏以及新鲜蔬菜之类，都应该有。

（3）对于病情严重的患者，夜间应安静卧床。

（4）补充维生素 A 营养素或胡萝卜素提取物。β-胡萝卜素可以转化成维生素 A，且没有副作用。

四、夜盲症的诊断

（1）详询病史，如饮食、发热病及长期腹泻等消化道疾病。

（2）检查结膜、角膜情况，注意有无结膜干燥、皱褶、毕脱氏（Bitot）斑，角膜混浊、软化或穿孔。

（3）鉴别暗适应减低的原因及眼干燥症的原因，必要时行暗适应及视网膜电流图检查。

（4）检查有无全身性维生素 A 缺乏及其他维生素缺乏症状。

鉴别（与角结膜干燥症鉴别）：

（1）结膜表面干燥，暗淡无光，易成皱褶，甚至粗如皮肤；结膜血管呈蓝色，角膜干燥混浊，知觉迟钝。

（2）感觉眼球干涩、灼热、视力严重减退。

（3）多见于成年人。

五、夜盲症的治疗

（一）中医治疗

（1）治疗眼力日渐萎缩，取位于头部之视三针或百会穴透向目窗穴，然后加上电针刺激 30min。

（2）治疗视野日渐缩窄，取目窗穴朝向丝竹空穴，再以丝竹空穴透向瞳子髎穴，然后加上电针刺激 30min。

（3）配穴：亮点穴、盲点穴、睛明穴、东明穴、正明穴、万里穴、头光明穴及足光明穴。

中医和西医对夜盲症的看法：西医认为夜盲症为不治之症；而中医在针刺或中药治疗后，疗效显著，肯定夜盲症为可治之症，并为夜盲症患者开拓一条光明的道路，值得提倡和推广。

（二）食疗

（1）常食苹果，可防治夜盲症。

（2）新鲜鲫鱼，洗净，清炖鲫鱼汤，食鱼饮汤。（鱼类富有丰富的维生素 A，最宜夜盲症患者食用，可以预防干眼症、夜盲症和各种角膜炎）。

（3）鲜菠菜（60～90）g，猪肝 120g，同煮汤食之。能提高视力，可治夜盲、视力减退。

（4）猪肝、胡萝卜、葱花、盐各适量。共煮至肝熟，食饮数次。补肝养血，清热明目。用于治疗夜盲症和小儿疳眼症。

（5）鸡肝 2 副，谷精草 15g，夜明砂 10g。将鸡肝洗净，同谷精草、夜明砂放入盆中，加少量清水隔水蒸熟，食肝饮汁。可清热明目，养血润燥。多吃有效，可治夜盲症、干眼症和小儿疳眼症。

（6）野鸡肉 150g，胡萝卜 50g，各切成丝。油锅烧热煸炒葱花出香味，下双丝炒，加精盐，酱油等调料炒熟即可食用。补肝明目，治疗肝虚所致的眼花、夜盲症。

（7）牛肝 150g，苍术 15g，共煎汤饮用。每天 1 剂，早晚各 1 次。治缺乏维生素 A 所致的夜盲症。

（8）猪肝 200g，鲜枸杞叶 150g，先将猪肝洗净切条，同枸杞叶共煮，饮汤食肝，每天 2 次。益精补肝，用治夜盲症、视力减退，有改善视力功能的作用。

（9）鲜兔肝 2 副，切成片，放开水煮至半熟，然后打入鸡蛋 1 个放入少许盐油调味，煮熟食用。用于治疗小儿疳眼症和夜盲症。

（10）羊肝 60g 切片，同葱炒片刻，另用锅盛水煮沸，加入大米 100g，煮至米开花，再放入羊肝煮熟。吃粥食肝，连吃几天。补肝明目，增加维生素 A、维生素 D 和钙，有明显提高视力的作用。用于治疗小儿疳眼症和夜盲症。

（11）猪肝 100g，洗净切片，加水适量，用小火煮汤。肝熟后加豆豉10g、葱白 2 根，沸后打鸡蛋 2 个。喝汤，吃猪肝、鸡蛋。可以常食用，补肝明目。可治营养性弱视、夜盲症。

（12）雄鸡肝 1 个，蜂蜜 1 小杯。雄鸡肝不用水洗，加蜂蜜蒸熟，每日服 1 个。

（13）苍术 15g。水煎服，每日 1 剂，连服 3 日。

（14）猪肝、韭菜各适量。两味共煮，不加盐，吃肝饮汤，久服有效。

（15）红番薯叶 150g 羊肝 200g。番薯叶洗净，切碎，羊肝切片，加水同煮，食肝饮汤，每日 1 剂，连服 3 日。

（16）鸡肝去污膜洗净，与其余 2 味药共置碗内，加少量水隔水蒸熟，吃肝饮汤，多服有效。

（17）鲜兔肝 1～2 副，酱油少许。兔肝切片，加水煮熟蘸酱油食。

（18）猪肝、胡萝卜、鲜姜片各适量。加水共煮至肝熟，服食，经常食用。

（三）缺乏维生素 A 会出现夜盲症

人的眼底的视网膜上有圆锥体细胞和细长形杆状细胞，这两种细胞中都存在同一种光感物质即视紫红质。

含维生素 A 的蔬菜水果预防夜盲症。其中圆锥体细胞管白天观看物体，细长形杆状细胞管黑夜观看物体，这两种细胞中的感光物质实际上是由维生素 A（视黄醇）参与的蛋白质。当光照射时，这种蛋白质发生结构的改变随之引发神经冲动传入大脑形成影像，而视紫红质自身则"褪色"。若此时进入暗处，由于视紫红质消失，眼就对光不敏感了，这时就看不见物。在正常情况下，人体内有足够的维生素 A，在视网膜和肝脏酶的作用下，促进视紫红质再生，恢复对光的敏感性，使人在暗处可以看见物体的形和色。如果机体缺乏维生素 A，视紫红质的再生不仅缓慢而且不完全，当人从亮处进入暗处时，很长时间看不见物体，我们把这种现象称为暗适应能力下降（根据暗适应能力可以测一测自己的维生素 A 水平；往往是由于维生素 A 的严重缺乏，视紫红质不能再生而引起的），就是人们常说的"夜盲症"。有人形容人的眼睛就像一台精密的照相机，而视网膜就像照相机的底片，将眼睛接收到的信息和感光进行显像，最后在大脑中形成视觉，而维生素 A 就是底片中的感光物质。当维生素 A 缺乏时，就无法使照片感光，也就无法产生视觉，尤其是在晚上，由于晚上比白天消耗更多的维生素 A，因此称为夜盲症。

十、麦粒肿

一、麦粒肿的诠释

麦粒肿是指睑板腺或睫毛毛囊周围的皮脂腺受葡萄球菌感染所引起的急性化脓性炎症。以局部红肿、疼痛，出现硬结及黄色脓点为主要临床表现。麦粒肿又称为睑腺炎，传统医学称其为土疳或土疡，俗称"针眼"，是一种普通的眼病，人人可以罹患，多发于青年人。此病顽固，而且容易复发，严重时可遗留眼睑疤痕。

二、麦粒肿的分类

外麦粒肿为 Zeis（蔡司）腺的急性化脓性炎症。初起睑缘部呈局限性充血肿胀，约 2~3 日后形成硬结，胀疼和压痛明显，以后硬结逐渐软化，在睫毛根部形成黄色脓包，穿破排脓迅速痊愈。如果致病菌毒性强烈，尚可引起眼睑及附近结膜发生水肿。耳前淋巴结肿大压痛，尤以外眦部者更易，重症病例可有畏寒、发烧等全身症状。

内麦粒肿为睑板腺的急性化脓性炎症。其临床症状不如外麦粒肿来得猛烈，因为处于发炎状态的睑板腺被牢固的睑板组织所包围。在充血的睑结膜表面常隐约露出黄色脓块，可能自行穿破排脓于结膜囊内。睑板腺开口处可有轻度隆起、充血，亦可沿睑腺管通排出脓液，少数亦有从皮肤而穿破排脓。如果睑板未能穿破，同时致病的毒性又强烈，则炎症扩大，侵犯整个睑板组织，形成眼睑脓肿。

三、麦粒肿的临床表现

眼睑有两种腺体：在睫毛根部的称为皮脂腺，其开口于毛囊；另一种靠近结合膜面埋在睑板里的称为睑板腺，开口于睑缘。麦粒肿就是这两种腺体的急性化脓性炎症。由于引起麦粒肿的细菌多为金黄色葡萄球菌，因此麦粒肿多为化脓性炎症。麦粒肿的症状包括以下几个方面：

（1）眼睫毛底部周围的眼睑出现带有黄色的脓。

（2）脓头周围的眼睑皮肤肿胀、发炎。

（3）疼痛或触痛。

麦粒肿通常数天即可痊愈。平时，每小时用温热的布压住感染部位20min，可以改善患者的疼痛症状，也可以促进排脓、加快治疗。麦粒肿分为两种：外麦粒肿和内麦粒肿。

（1）外麦粒肿：睫毛的毛囊部的皮脂腺受葡萄球菌感染，称为睑缘疖，卫生条件差、体质弱或屈光不正的人，易得此病。得病时，眼睑局部红肿、充血和触痛，近睑缘部位可触到硬结，有时耳前淋巴结肿大并有触痛，甚至有怕冷、发热、全身不适等症状。数日后毛囊根部出现黄色脓点，脓排除后症状逐渐好转而痊愈。外麦粒肿化脓后若任其自破排脓，常因疤痕收缩而引起眼睑变形、外翻、上下睑裂闭合不全等后遗症，因此应引起注意。

（2）内麦粒肿：又称为睑板炎。内麦粒肿是睑板腺的急性炎症，其症状与外麦粒肿一样，但因炎症在较坚实的睑板组织内，所以疼痛较剧烈，炎症持续时间也长，严重时整个眼睑红肿，患侧耳前淋巴结肿大，并有压痛。几天后，在眼皮里面长出脓头，排脓后即告痊愈，症状也会随之而消失。

无论内外麦粒肿，如果加压挤脓，细菌、毒素容易倒流到颅内，引起眼眶蜂织炎、海绵栓塞的严重并发症，重者可危及生命，因此长"针眼"时，切忌挤压。

四、麦粒肿的治疗

（一）局部热敷

局部热敷可促进化脓，轻的炎症也可在热敷后完全消失。全身及局部抗生素治疗可促进炎症的消失，青霉素族的抗生素口服、肌注或静脉注射均可，它对化脓菌的作用都很好。局部可点眼药，一般使用0.25%氯霉素眼药水即可，如分泌物多可用利福平眼药水效果好。小儿入睡后可涂金霉素眼膏。

（二）切开排脓

一旦脓头出现就应及时切开排脓，不要等到自行溃破，这样可以减少病人的疼痛，并可缩短疗程。当脓头出现时切忌用手挤压，因为眼睑血管丰富，眼的静脉与眼眶内静脉相通，又与颅内的海绵窦相通，而眼静脉没有静脉瓣，血液可向各方向回流，挤压会使炎症扩散，引起严重的并发症，如眼眶蜂窝组织炎、海绵窦栓塞甚至败血症，从而危及生命。不要用脏手揉眼睛，以免将细菌带入眼内，引起感染。

麦粒肿病虽小，但很是让人烦恼，痛苦不堪，医疗上又无治疗好办法，用酒精棉球擦拭眼睫毛根部效果非常好。方法是：当开始出现眼睑发痒、红肿或疼痛时，即刻用酒精棉球擦眼睫毛。擦时要双眼紧闭，用酒精棉球（不要太湿，太湿时挤掉一些酒精）在眼睫毛根处来回轻轻擦几下。

擦后双眼会感到发热（发热时不可睁眼，否则酒精会渗透到眼里使眼睛疼痛），待热劲过后再睁眼。只要当天擦 2～3 次就可消肿。

（三）输液

配方是：头孢哌酮钠舒巴坦钠 4 支和左氧氟沙星 2 瓶，24h 可以痊愈。左氧氟沙星和舒巴坦钠具有广泛的杀菌能力，很多细菌都可以杀光。

（四）针灸法

以针灸之法治疗麦粒肿，在 20 世纪 50 代末就有多病例观察的临床资料。自此之后直到 20 世纪 70 年代，各地中、西医刊物，陆续报告了应用挑治、艾灸、耳针等治疗麦粒肿均有一定效果。自 20 世纪 80 年代以来，不仅穴位刺激之法有所增加，如开展穴位激光照射、腕踝针、穴位贴敷、刺血、灯火灸、耳穴埋针等；而且在观察的病例数上也大大超过以往的数十年的总和。

十一、角膜炎

一、角膜炎的诠释

角膜炎分溃疡性角膜炎（又称为角膜溃疡）和非溃疡性角膜炎（即深层角膜炎）两类。由内因、外因不同因素造成。因角膜外伤、细菌及病毒侵入角膜引起的炎症。患眼有异物感，刺痛甚至烧灼感。球结膜表面混合性充血，伴有怕光、流泪、视力障碍和分泌物增加等症状。角膜表面浸润有溃疡形成。溃疡性角膜炎绝大部分为外来因素所致，即感染性致病因子由外侵入角膜上皮细胞层而发生的炎症。

二、角膜炎的分类

角膜炎就是黑眼珠上长了个"白星",病人感到疼痛,怕光流泪,视力减退。角膜炎的种类很多,其命名及分类也比较复杂。有根据炎症的解剖学部位分类的,也有根据炎症的形状分类的,还有根据有无溃疡、内因和外因情况分类的,但所有的分类方法都不可能把临床类型全部包括进去。下面介绍以病因学分类的方法:

(1)病毒性角膜炎:最常见的为单纯疱疹性角膜炎,由单疱病毒引起;其次为带状疱疹角膜炎、牛痘苗性角膜炎及由腺病毒引起的点状角膜炎;还有沙眼病毒引起的角膜炎。

(2)细菌性角膜炎:引起角膜炎的常见细菌为肺炎双球菌、葡萄球菌、链球菌等,由于细菌的毒力强,进展快,常引起急性化脓性角膜溃疡,因此临床上称为"匍行性角膜溃疡";其次为绿脓杆菌引起的角膜溃疡。

(3)真菌性角膜炎:常见的致病真菌为曲霉菌,其次为镰刀菌。由于角膜炎早期症状较轻,发展缓慢,常被误诊,形成角膜溃疡后,溃疡表面呈牙膏样或舌苔样外观为其特征。

(4)过敏性角膜炎:由先天性和过敏性因素引起,包括束状角膜炎、深层角膜炎、硬化性角膜炎和角膜实质炎等。

(5)外伤及营养性角膜炎:包括角膜上皮剥脱、角膜软化症、神经麻痹性角膜炎和暴露性角膜炎。

(6)病因不明的角膜炎:包括蚕蚀性角膜溃疡、卷丝状角膜炎和点状角膜上皮剥脱等。

除麻痹性角膜炎外,多数角膜炎患者都有强度发炎症状,如疼痛、羞明、流泪和眼睑痉挛。此因角膜内的三叉神经末梢受炎症刺激后,引起反射性眼轮匝肌收缩及泪液分泌过盛。角膜系一无血管的组织,但临近区域富有血管（角膜缘和虹膜睫状体之血管），当炎症累及临近组织时，则有充血和炎性渗出。因此，角膜炎患者不但有睫状充血，也有虹膜充血。后者表现为虹膜变色和瞳孔缩小。

渗出物来自同一来源。严重患者的球结膜甚至眼睑都会发生水肿。由于角巩膜缘充血而产生白细胞向角膜病灶处移动而发生角膜浸润。当角膜炎症到退行期后，临床刺激症状则大为减轻。

角膜炎症必然使视力或多或少地受到影响，尤以炎症侵犯瞳孔区域者更为严重。溃疡愈合后形成的角膜瘢痕不但阻碍光线进入眼内，并能使角膜表面弯曲度和屈光折射力发生改变，使物体不能在视网膜上聚焦形成清晰的物像，因而视力降低。视力的受累程度完全取决于瘢痕所在的位置，如果位于角膜正中，纵然瘢痕很小，但影响视力却很大。

三、角膜炎的病因

1. 外因

外因所致的角膜感染大多要具备两个条件：

（1）角膜上皮细胞的损伤、脱落。

（2）同时合并感染。只有在这两个条件都具备的情况下，才容易发生感染性角膜溃疡。

2. 内因

由于角膜没有血管，因此急性传染病不易侵及角膜。可是角膜组织却参与全身的免疫反应，尽管其免疫反应的程度较其他组织的低，但是正因为它没有血管，新陈代谢较为迟缓，才使这种免疫反应变化持续经久，角膜在较长时间内处于一种敏感状态，以致容易发生变态反应性疾患，如泡性角膜炎等。

3. 邻近组织蔓延

由于胚胎学上的同源关系以及解剖学上的连续性，因此蔓延到角膜上皮层的疾患多来自结膜，如严重的结膜炎多合并浅层角膜炎。

四、角膜炎的治疗

（一）方法

治疗角膜溃疡的基本原则是采取一切有效措施迅速控制感染，争取早日治愈，将角膜炎的后遗症减少到最低程度。由于大多数溃疡性角膜炎为外因所致，因此，除去致病外因，消灭致病微生物极为重要。为了有助于病因诊断，应从角膜溃疡的进行源取材做涂片，做细菌培养和药物敏感试验（必要时做霉菌培养）。但不要为等待试验结果而贻误治疗，应立即采取必要的措施。现将治疗过程、应注意事项和应用方法叙述如下：

1. 热敷

使眼部血管扩张，解除壅滞，同时促进血流，增强抵抗力和营养，使溃疡得到迅速恢复。

2. 冲洗

如果分泌物较多，可用生理盐水或 3% 硼酸溶液，每日冲洗结膜囊 3 次或更多次数，以便将分泌物、坏死组织、细菌和细菌产生的毒素冲洗出去。这样，不但减少感染扩大的因素，同时也可保证局部上药的浓度不至减低。

3. 散瞳

（1）阿托品为主要而且是常用的药物，浓度为 0.25% ~ 2% 溶液或软膏，每日滴、涂 1 ~ 2 次（滴药后注意压住泪囊，以免溶液被黏膜过分吸收，引起中毒）。

（2）对单纯性角膜溃疡或刺激症状不显著者可以不用，对刺激症状显著和势将穿孔的溃疡必须使用。这种药对于治疗角膜溃疡有双重作用；一方面使瞳孔括约肌和睫状肌得到休息；另一方面可防治虹膜睫状体炎及其所引起的后果。再者，由于眼内肌痉挛解除，因而也有减轻和止痛作用。

4. 包扎和敷裹

（1）为了使眼球停止转动，促使溃疡早日痊愈，必须进行包裹。这一处理特别适应于冬季。因其不但使眼球不致受凉，而且又发生热敷与保护作用。

（2）如果结膜囊内有分泌物，不应包扎，可以用布勒氏（Buller 姓氏）眼罩或黑眼镜代替之。再者，如果溃疡势将穿破或在结瘢期势将隆起，应于每日施以压迫绷带包扎，如果日间不可能，应在晚间睡眠时用之，以期挽救不良后果。

5. 病因治疗

（1）治疗角膜溃疡的同时，必须注意溃疡发生的原因，而予以治疗。

（2）最应注意的就是结膜病和营养不良。例如，沙眼血管翳溃疡，如果不同时治疗沙眼，溃疡难以痊愈。又例如，角膜软化，如果不注意全身营养，补充维生素 A，不但角膜软化难以痊愈，且会更加恶化。

6. 刺激疗法

当溃疡已经痊愈，开始结瘢，应设法使瘢痕形成得越薄越好。对于小而致密并且位于中央的角膜白斑，为了增进视力可做增视虹膜切除术。对于较大的白斑，可施行角膜移植术。有时角膜白斑有碍美观，可用煤烟、中国墨做角膜墨针术。

十二、角结膜干燥症

一、角结膜干燥症的诠释

角结膜干燥症俗称"干眼症"，是指任何原因造成的泪液质或量异常或动力学异常，导致泪膜稳定性下降，并伴有眼部不适和（或）眼表组织病变特征的多种疾病的总称。

角结膜干燥症常见的症状包括眼睛干涩、人容易疲倦或想睡、眼睛会痒、眼睛有异物感、眼睛痛灼热感、眼皮紧绷沉重、分泌物黏稠、怕风、畏光、对外界刺激很敏感、暂时性视力模糊；有时眼睛太干，基本泪液不足反而刺激反射性泪液分泌而造成常常流眼泪的症状；较严重者眼睛会红肿、充血、角质化，角膜上皮破皮而有丝状物黏附，长期发展则会造成角结膜病变，并会影响视力。

二、角结膜干燥症预防

角结膜干燥症的发病率占人群的 2.7%，中国约有三千万人患有程度不同的角结膜干燥症。由于许多干眼症患者不知道平时应如何进行患眼护理，常使病变发展加速，病变程度加重，而且由于基层医院眼科医生对此症缺乏足够认识，因此这类患者常被误诊，得不到及时正确的诊治，甚至被给予错误地治疗。预防干眼病措施有以下几个方面：

（1）养成多眨眼的习惯。干眼病是一种压力型病症，问题出在眼睛长时间盯着一个方向看。因此避免眼睛疲劳的最好方法是适当休息，切忌连续操作。

（2）配一副合适的眼镜是很重要的。40 岁以上的人，最好采用双焦点镜片或者在打字时，配戴度数较低的眼镜。

（3）工作的姿势和距离也是很重要的。尽量保持在 60cm 以上的距离，调整一个最适当的姿势，使得视线能保持向下约 30°，这样的一个角度可以使颈部肌肉放松，并且使眼球表面暴露于空气中的面积减到最低。

（4）从事电脑操作者，应多吃一些新鲜的蔬菜和水果，同时增加维生素 A、维生素 B、维生素 C 和维生素 E 的摄入。为预防角膜干燥、眼干涩、视力下降、甚至出现夜盲等，电脑操作者应多吃富含维生素 A 的食物，维生素 C 可以有效地抑制细胞氧化。维生素 E 主要作用是：降低胆固醇，清除身体内垃圾，预防白内障。核桃和花生中含有丰富的维生素 E。维生素 B_1 可以营养神经，绿叶蔬菜里就含有大量的维生素 B_1。每天可适当饮绿茶，因为茶叶中的脂多糖，可以改善肌体造血功能，茶叶还有防辐射损害的功能。

（5）避免荧光屏反光或不清晰，电脑不应放置在窗户的对面或背面，环境照明要柔和。如果操作者身后有窗户应拉上窗帘，避免亮光直接照射到屏幕上反射出明亮的影像造成眼部的疲劳。通常情况下，一般人每分钟眨眼少于 5 次会使眼睛干燥。一个人在电脑前工作时眨眼次数只及平时的三分之一，因而减少了眼内润滑剂和酶的分泌。应该多眨眼，每隔一小时至少让眼睛休息一次。

（6）减少眼部的干燥，可以适当在眼部点用角膜营养液。如贝复舒眼液、萧莱威眼液及一些人工泪液。另外眼保健操也可以起到放松眼睛，减少视疲劳的作用。

调查证实，每天在电脑前工作 3h 以上的人中，90% 的人都患有干眼症。而在未来 5 年中，干眼症患者人数还将以每年 10% 以上的速度上升。

长时间戴隐形眼镜也容易得干眼症，这是由于隐形眼镜很容易吸附水分，从而导致眼球表面脱水。干眼症目前还无法根治，临床上大多采用人工泪液缓解症状。人工泪液有水剂和膏体两种，症状轻重不同，使用的人工泪液也不相同。一旦停用，症状往往又会复发。

保持良好的工作、生活习惯是预防干眼症的有效手段。首先要避免长时间操作电脑，注意中间休息。通常连续操作 1h，休息（5～10）min。休息时可以看看远处或做眼保健操。其次要调整好显示器与眼睛的距离和位置，建议距离（50～70）cm，位置略低于眼水平线（10～20）cm；显示器的亮度也不要太亮，调节到最大亮度的一半就可以了，以看得清楚内容但比周围物体稍暗为宜。另外，长时间使用电脑时，最好不要戴隐形眼镜，以免加剧眼睛的干燥程度。

此外，长期从事电脑操作的人，要注意饮食调理，应多吃豆制品、鱼、牛奶、核桃、青菜、大白菜、空心菜、西红柿及新鲜水果等。

在使用电脑、看书、看电视时，您是否常觉得眼睛干涩、酸痛、疲劳？长时间使用眼睛而造成用眼过度是眼睛疲劳的一大主因。眼睛疲劳的一般症状是视物稍久则模糊，有的甚至无法写作或阅读；眼睛干涩、头昏痛，严重时可出现恶心、呕吐等。另外，视疲劳还导致成年人发生近视或提前花眼，白内障、青光眼、视网膜剥离等眼疾也会伴随着用眼过度而来。

由于屏幕所发出的眩目光、放射线，加上长时间视近工作，极易引起睫状肌疲劳，产生调节紧张、使眼部充血、阻碍血液循环、出现视疲劳、眼干燥、胀痛、甚至流泪等现象，致使青少年和工作人员视力下降。阿贝视盾防辐射眼镜产品镜片表面是用十六层膜（包括表面电阻为(1~2) kΩ的金属薄膜）的镀膜设计而做成的特殊导电镀膜，不仅使镜片透光率高达98.5%左右，视野清晰明亮，能过滤掉99%的紫外线和对人眼有害的各种光波射线。更可以抗静电、抗辐射，能促进血液循环，帮助血液活性化，缓解眼睛疲劳和充血，预防 VDT（Video Display Terminal）症候群。

三、角结膜干燥症的治疗

（一）日常保健

保持良好的工作、生活习惯是预防干眼症的有效手段，可通过以下情况来防止眼泪的蒸发：

1. 多眨眼

眨眼是一种保护性神经反射动作，泪液层可以使泪水均匀地涂在角膜和结膜表面，以保持润湿而不干燥。一旦眨眼次数减少，直接导致泪水的量减少，而暴露在空气中的泪膜会快速蒸发，失去对眼球的保护力。

操作电脑、驾车、读书等长时间用眼时，提醒自己不要太过专注，花些时间眨眼睛。一般大多数人每 5s 眨一次眼，每分钟眨眼约为 20 次。

2. 注意用眼卫生

要注意用眼卫生，勤洗手，不要用手揉搓眼睛。用眼一小时左右休息一会儿，闭目养神，眺望远处。对眼睑上有油性分泌物、碎屑、脱落物的患者来说，要注意保持眼睑卫生。

3. 长时间使用电脑者注意

长期应用电脑工作的人群，特别是年轻人应该注意及时治疗干眼症，减少使用电脑时间，避免连续长时间使用电脑。

工作的姿势和距离也是很重要的，尽量保持在 60cm 上以距离，调整一个最适当的姿势，使得视线能保持向下约 30°。这样的一个角度可以使颈部肌肉放松，并且使眼球表面暴露于空气中的面积减到最低。

4. 注意饮食

长期从事电脑操作者，要多吃一些新鲜的蔬菜和水果，同时增加维生素 A、维生素 B_1、维生素 C 和维生素 E 的摄入。

为预防角膜干燥、眼干涩、视力下降、甚至出现夜盲等，应多吃富含维生素 A 的食物，如豆制品、鱼、牛奶、核桃、青菜、大白菜、空心菜、西红柿及新鲜水果等。

维生素 C 可以有效地抑制细胞氧化。维生素 E 主要作用是：降低胆固醇，清除身体内垃圾，预防白内障。核桃和花生中含有丰富的维生素 E。维生素 B_1 可以营养神经，绿叶蔬菜里就含有大量的维生素 B_1。

每天可适当饮绿茶、菊花茶，因为茶叶中的脂多糖，可以改善肌体造血功能，茶叶还有防辐射损害的功能。

有些食品和饮料会使眼睛和身体脱水，巧克力、可乐、咖啡和茶都含有咖啡因，而咖啡因可消耗身体的水分，为了保持体内有充足的水分。我们要多饮水（如果可能的话一天至少要喝六杯水）。

5. 戴框架眼镜

隐形眼镜的确能很大程度地改善人的外貌，但它带来的痛苦也不算少，干眼症就是其中之一。长时间配戴隐形眼镜会使泪液分泌减少，因此戴隐形眼镜的人总会感觉眼睛干干的。

预防干眼症，提倡在多风的日子戴眼镜，游泳时也戴上护目镜，外出时戴上太阳镜。

6. 尽量少使用空调，少待在湿度较低的房间里

空调除了调节温度之外，还会抽湿，减少了空气里水分的含量。在这种干燥的环境中，泪膜蒸发率增加，容易使眼睛发干、发涩。气候干燥的冬季，为干眼症的高发季节。

天气炎热，使用空调要注意定时开窗通风或者在房间里放置一台空气加湿器。保持房间湿度在30%～50%之间。

避免眼睛直接接触吹风机、热烘机、电风扇。

7. 按需点人工泪液

点人工泪液要注意不要过于频繁，一天最好不超过6次。因为如果一天超过6次以上，就会把正常的泪膜冲走，从而加重症状。

8. 检查正在使用的药物

一些药物能使眼睛感觉越来越干燥，如抗组胺药、鼻减充血剂、镇静剂和抗抑郁药，这需要让医生了解自己正服用的药物，因为其中一些药物会加重干眼症状。

使用眼用凝胶。眼膏在眼内的潴留时间较长，但眼膏油腻，病人感觉不"卫生"，存在显著的视力模糊，接受性差。眼用凝胶是目前较为理想的一种制剂，眼用凝胶在眼内的潴留时间较长，既卫生且滴用时有清凉的感觉，使用方便，接受性好。

9. 治疗睑板腺功能障碍

做眼睑清洁、热敷。用毛巾沾高于体温但别太烫的水，闭眼敷于眼睛上，每次10min左右，早上最好能做一次。因为夜间睑板腺分泌最旺盛，

潴留的分泌物最多，热敷可以帮助潴留的分泌物排出。如果有时间一天可以多做几次，效果很好。

（二）治疗干眼症的药物治疗

（1）辨证论治：干眼症可从燥伤肺阴、燥伤肝阴、外感燥邪、脾虚气弱、气阴两虚等方面辨证治疗。

（2）治疗干眼症，比较多的是替代疗法，也就是点眼液，润滑眼睛，减少干涩感。很多患者在开始眼睛不适的时候喜欢先自己"治疗"，用抗生素、抗病毒眼药，其实这种方法并不是合适的治疗干眼症的药物，反而有可能使症状加重。

（3）干眼症必须适度补充水分，饮食方面补充维生素 A，避免辛辣刺激性食物，配合局部热敷。高含水量隐形眼镜也可能吸附泪液，治疗主要是补充人工泪液保持湿润。由于干眼症常是多重因素混合造成，因此治疗上多以症状控制为主，很难完全治愈。因而维持良好生活习惯、配合改善工作环境，在医师的指示下用药，才能改善。

（4）若是免疫性疾病、内分泌失调、维生素缺乏等引起的，可以使用亮眼睛明目贴和服用哈药集团的明目蒺藜丸，它们是内服加外用效果非常显著的治疗干眼症的药物，效果会非常明显的。

（5）若是单纯性的早期干眼症，只需要用亮眼睛明目贴就可以治愈眼睛干涩的问题了。

（6）若是因为身体内部肝肾衰弱所引起的干眼病，绝大部分都是中老年群体，那就需要滋补肝肾了，治疗则应服用哈药集团的明目羊肝丸，见效快。

（7）防治的方法是：注意保护眼睛，避免强光、高温刺激；看书、看电视或电脑屏幕不可时间过长；禁用阿托品类抑制腺体分泌的药物；间断补充鱼肝油丸或常吃点肝、猪肝食品；也可服用中药杞菊地黄丸；如眼干症状较重，可经眼科医生用人工泪液或1%甲基纤维素滴眼。

（三）干眼症的食疗方法

目前世界上约有数以百万计的患者正在经受干眼症的困扰，并且随着电脑、电视的普及，干眼症患者有增多的趋势。下面列举的干眼症食疗方，能够预防和改善干眼症。

1. 维生素A

素有"护眼之必需"之称的维生素A，是预防眼干、视力衰退、夜盲症的良方，以胡萝卜、绿色蔬菜、黄色蔬菜及红枣含量最多。

2. 维生素B

维生素B是视觉神经的营养来源之一，维生素 B_1 不足，眼睛容易疲劳；维生素 B_2 不足，容易引起角膜炎。可以多吃些芝麻、大豆、鲜奶、小麦胚芽等食物。

3. 枸杞子

枸杞子清肝明目的疗效大家早已知道，因为它含有丰富的胡萝卜素、维生素A、维生素 B_1、维生素 B_2、维生素C、钙、铁等，是健康眼睛的必需营养。

（四）干眼症易发人群

长期面对电脑、办公室工作者、暑期超时使用电脑者、配戴隐形眼镜者和长期在空调室内工作者等均易患干眼症。

十三、红眼病

一、红眼病的诠释

俗称的"红眼病"是传染性结膜炎，又称为暴发火眼，是一种急性传染性眼炎。根据不同的致病原因，可分为细菌性结膜炎和病毒性结膜炎两类，其临床症状相似，但流行程度和危害性以病毒性结膜炎为重。该病全年均可发生，以春夏季节多见。红眼病是通过接触传染的眼病，如接触患者用过的毛巾、洗脸用具、水龙头、门把、游泳池的水、公用的玩具等。因此，该病常在幼儿园、学校、医院、工厂等集体单位广泛传播，造成暴发性流行。

红眼病发病急，一般在感染细菌1~2天内开始发病，且多数为双眼发病。红眼病传染性强，由于治愈后免疫力低，因此可重复感染（如再接触病人还可得病），从几个月的婴儿至八九十岁的老人都可能发病。红眼病流行快，患红眼病后，常常是一人得病，在1~2周内造成全家、幼儿园、学校、工厂等广泛传播，不分男女老幼，大批病人感染。

红眼病一般不影响视力，如果大量黏液脓性分泌物黏附在角膜表面时，可有暂时性视物模糊或虹视（眼前有彩虹般的光圈），一旦将分泌物擦去，视物即可清晰。如果细菌或病毒感染影响到角膜时，则畏光、流泪、疼痛加重，视力也会有一定程度的下降。

红眼病多是双眼先后发病，患病早期，病人感到双眼发烫、烧灼、畏光、眼红，感觉眼睛磨痛，像进入沙子般地滚痛难忍，紧接着眼皮红肿、眼泪多、怕光、流泪，早晨起床时，眼皮常被分泌物粘住，不易睁开。有的病人结膜上出现小出血点或出血斑，分泌物呈黏液脓性，有时在睑结膜表面形成一层灰白色假膜，角膜边缘可有灰白色浸润点，严重的可伴有头痛、发热、疲劳、耳前淋巴结肿大等全身症状。

二、红眼病的预防

医学上称红眼病为急性卡他性结膜炎，其传播途径主要是通过接触传染。往往通过接触病人眼分泌物或泪水沾过的物件（如毛巾、手帕、脸盆、水等），与红眼病人握手或用脏手揉擦眼睛等，都会被传染，最终造成红眼病的流行。夏秋季节，因天气炎热，细菌容易生长繁殖，非常容易造成大流行。既然我们知道红眼病的主要传播途径，就完全可以预防和防止流行。

（1）如果发现红眼病，应及时隔离，所有用具应单独使用，最好能洗净晒干后再用。

（2）要注意手的卫生。要养成勤洗手的好习惯，不要用脏手揉眼睛，要勤剪指甲。

（3）患红眼病时除积极治疗外，应少到公共场所活动，不使用共用毛巾、脸盆等。

有人认为看一眼红眼的病人，就会得红眼病，这是没有科学道理的，目前只有通过直接或间接的接触才会患病。患红眼病的症状特征是：单眼或双眼结膜充血，有大量黏液脓性分泌物，但一般不影响视力。如果不及时治疗，有的会转成慢性结膜炎。

三、红眼病的诊断

（一）疾病病因

红眼病可由不同病因引起，大致可以归纳以下两种。

（1）细菌感染引起的红眼病潜伏期为 1~3 天，病程约为 1~2 周，主要出现为眼红，分泌物增多，晨起时上下睫毛常黏附在一起，不合并角膜病及全身症状。

（2）病毒感染引起的红眼病潜伏期约 24h 内，主要表现为水性的分泌物增多，球结膜下出血，淋巴结肿大，多合并角膜病变，部分患者可有发热、肌痛等类似感冒的全身症状。结膜炎的传染性强，应做好消毒隔离工作，防止大面积迅速流行。

（二）红眼病的主要感染途径

红眼病主要是通过接触传播，最常见的为"眼—手—眼"的传播方式。另外接触病人用过的毛巾、手帕、洗脸用具、电子游戏机、电脑的键盘等，或到病人接触过的泳池、浴池等地方游泳、洗浴，都有可能感染此病。

（1）红眼病的预防方法：医院或社区发现红眼病患者应及时上报有关卫生防疫部门。

（2）良好的卫生习惯，饭前、便后、外出回家后要及时用洗手液或肥皂洗手。避免用手揉擦眼睛。

（3）最好去正规并且消毒条件完善的游泳池游泳，严禁红眼病患者进入游泳池。

（三）诊断检查依据

诊断检查依据包括：①暴发流行，传染性强；②有剧烈的疼痛、畏光、流泪等重度刺激症状和水样分泌物；③结膜高度充血、水肿，球结膜下出血；④角膜弥漫点状上皮脱落；⑤耳前或颌下淋巴结肿大；⑥个别病例结膜炎消退后出现下肢麻痹。

（四）注意事项

1. 切断传播途径

红眼病是一种传染性很强的眼病，因此，预防红眼病也与预防其他传染病一样，必须抓住消灭传染源、切断传播途径和提高身体抵抗力三个环节。积极治疗红眼病患者，并进行适当隔离。红眼病治疗期间，尽可能避免与病人及其使用过的物品接触，如洗脸毛巾、脸盆等。尽量不到公共场所去（如游泳池、影剧院、商店等）。对个人用品（如毛巾、手帕等）或幼儿园、学校、理发馆、浴室等公用物品要注意消毒隔离（煮沸消毒）。个人要注意不用脏手揉眼睛，勤剪指甲，饭前便后洗手。有条件时应用抗生素或抗病毒眼药水点眼。

2. 不能遮盖患眼

应开放患眼，不能遮盖患眼，因为遮盖患眼后，眼分泌物不能排出，同时增加眼局部的温度和湿度，利于细菌或病毒繁殖，加重病情。

3. 忌酒

红眼病属风热邪毒或兼胃肠积热侵犯肝经，上攻于目所致。饮酒（包括各种烈酒、黄酒、果子酒、米酒、啤酒等）可助邪热毒气，犹如煽风点火；同时饮酒还能损及肝阴，使肝经空虚，风热邪毒更易侵袭，以致病程延长。

4. 忌食辛辣之品

京葱、洋葱、韭菜、蓼蒿、芥末等辛辣之品，能温阳而助风热时邪，并可耗损肺胃之阴，使肺胃积热加重，使风热时邪与肺胃积热搏结难去，而不利于红眼病的早期康复。

5. 忌食腥膻发物

红眼病患者应忌黄鱼、鳗鱼、橡皮鱼、桂鱼、鳝鱼、黑鱼、鳊鱼、蟹、虾等腥膻发物，否则导致风热之邪更盛、热毒愈益内盛，给治疗、康复带来不必要的麻烦。

6. 忌食生姜

眼部炎症者不宜食用生姜。眼部炎症宜食用清凉散热之品，忌食温热辛散食物，生姜温热，且味辛走窜行散。既助火热，又伤阴液，眼部炎症者食用，将会加重病情。

五、红眼病的治疗

（一）红眼病的西医治疗

得了红眼病后要积极治疗，一般要求要及时、彻底、坚持。一经发现，立即治疗，不要中断，症状完全消失后仍要继续治疗 1 周的时间，以防复发。治疗可冲洗眼睛，在患眼分泌物较多时，宜用适当的冲洗剂如生理盐水或 2% 硼酸水冲洗结膜囊，每日 2~3 次，并用消毒棉签擦净睑缘。也可对患眼点眼药水或涂眼药膏。

红眼病用药注意：

（1）保持眼部清洁，由于患急性结膜炎时眼部分泌物较多，所以不能单纯依靠药物治疗。细心地护理眼部，经常保持清洁很重要。用生理盐水或3%的硼酸液洗眼或眼浴，再滴入眼药才能充分发挥其药效。

（2）初期冷敷，慎用激素类眼药。急性结膜炎初起时眼部宜进行冷敷，有助于消肿退红。在炎症没有得到控制时，忌用激素类眼药。

（3）用抗生素眼药常用的有0.25%氯霉素眼药水、红霉素或四环素眼药膏。病毒性结膜炎还可使用盐酸吗啉胍眼药水以及各种抗病毒中药剂的眼药水。

（4）避免光和热的刺激，也不要勉强看书或看电视，出门时可戴太阳镜，避免阳光、风、尘等刺激。如果在家治疗后病情不见好转或出现明显的全身不适症状，如头痛、发热等，预示可能有并发症，应立即去看眼科医生。

（二）红眼病的中医治疗

对红眼病也可采用中医治疗，中医称本病为"暴风客热"或"天行赤眼"，一般为外感风热邪毒所致，故宜驱风散邪，清热解毒，常用泻肺饮和银翘解毒丸。

当炎症控制后，为预防复发，仍须点眼药水1周左右，或使用收敛剂，如0.25%硫酸锌眼药水，每日2～3次，以改善充血状态，预防复发。

（三）红眼病的注意事项

防"红眼"最好做到勤洗手少揉眼，有以下几个注意事项：

（1）注意用手卫生。要养成勤洗手的好习惯，不要用脏手揉眼睛，要勤剪指甲。

（2）经常使用公共用品（如电脑键盘、电话、门把手等）的人，在使用过程中切勿揉眼，使用后应记得清洗双手。

（3）如果发现红眼病，应及时隔离，控制传染源。患者的所用毛巾、手帕、脸盆、眼镜等用具须与健康人的分开使用，最好经常消毒，洗净晒干后患者再用，最好做到"专人专用"，以免交叉感染。

（4）少儿抵抗力弱，尽量少去人群中玩，并保持手、眼卫生，不与患病家人共睡。

（5）得了红眼病后要积极治疗，不要中断，症状完全消失后仍要继续治疗一周时间，以防复发。除此之外，还应少到公共场所活动。

（6）健康人可点消炎眼药水预防。洗脸最好用流水，面盆、毛巾等用具应注意消毒。患过流行性急性结膜炎的人，对此病并无免疫力，同样须注意预防再度感染。

（7）在红眼病高发的夏季，游泳前后可适当滴用消炎眼药水，以防万一。

十四、飞蚊症

一、飞蚊症的阐述

飞蚊症一般是由玻璃体变性引起的，是一种自然老化现象，即随着年纪老化，玻璃体会"液化"，产生一些混浊物。因而，飞蚊症正式的名称是"玻璃体混浊"或称"玻璃体浮物"。眼前可见黑点飞舞，犹如"飞蚊"。飞蚊症是玻璃体内的不透明物体投影在视网膜上产生的。在光线明亮或白色背景衬托下，更为明显。患者眼前会出现黑点，并且会随着眼球的转动而飞来飞去，好像飞蚊一般，其形状有圆形、椭圆形、点状、线状等。常见的情况是，当病人在看蓝色天空、白色墙壁等较为亮丽的背景时，更容易发现它的存在。

飞蚊症常见于40岁以上的中老年人、高度近视眼患者以及做过白内障手术者，其他如眼内发炎或视网膜血管病变患者，也会形成此病。大多数的飞蚊症是良性的，或称为生理性飞蚊症，其特点是：如果患者两眼都有飞蚊现象，无法确定是哪一只眼睛有"飞蚊"，若经过一段时间，这些现象并没有加重或产生变化，"飞蚊"位置也固定的话，多为良性。

相反的，"飞蚊"现象若突然发生，而且只限于一眼，"蚊子"飞舞的方向又不定、黑影遮住视野、视力变差、视野缺损，这都是必须注意的恶兆。

以下归纳几个飞蚊症的危险症状：

（1）有异常闪光。

（2）短时间内"飞蚊"不断增加。

（3）视线有被遮挡的感觉。

由于少数飞蚊症是严重疾病的征兆，因此专家认为，若发现眼前有"飞蚊"群舞，应该先做专科检查，检查以后，万一不幸有严重的眼疾，那就要针对该眼疾治疗。

但一次检查的结果并不等于永远没有问题。一旦有闪光、飞蚊突然增多，或出现视线被遮蔽等现象，就需要马上再接受详细的检查。

飞蚊症是指眼前有飘动的小黑影，尤其看白色明亮的背景时症状更明显，可能伴闪光感。玻璃体液化和后脱位是飞蚊症的主要原因。70%的患者由此引起，但有1/4的患者可能有威胁视力的病变，其中主要的是视网膜裂孔形成的。遇到飞蚊症时，应散瞳仔细检查眼底，包括裂隙灯三面镜检查，仅有玻璃体后脱离的无需特殊治疗，对有危害视力的病变应按相关原则治疗。

眼内炎症引起的飞蚊症，感觉眼前黑影多为尘状或絮状，视力可有不同程度影响，检眼镜下见玻璃体有尘状、絮状漂浮物，裂隙灯三面镜可见中周部脉络膜炎症引起的渗出、血管白鞘化等病理改变。

眼内出血引起的飞蚊症感觉眼前如烟云移动或墨汁下流的黑影，个别有红色或橙色漂浮物，检眼镜或裂隙灯下见玻璃体内厚薄不等的片状、絮状、团块出血，并看到引起出血的视网膜原发病变。因玻璃体后脱离牵引血管造成的出血常伴有视网膜裂孔，应引起注意。如果是没有病理性改变的飞蚊症，建议不妨看看中医，中药的疗效也是不可忽略的。

过去，飞蚊症的发病年龄一般在40岁以后，但是现在人们生活节奏加快，工作压力增大也不断增大，每天面对电脑和电视的时间也越来越多，眼睛受到的压力也相应地增加，所以现在越来越多年轻人的眼睛开始"与蚊共舞"。因此，没事别老在电脑前坐着，站起来活动活动，不光活动胳膊腿脚的，也要照顾下双眼，做做眼保健操，缓解下眼睛的疲劳。饮食上也要注意营养均衡，不要挑食。

二、飞蚊症的预防

（1）要有足够的维生素。维生素A是眼部必不可少的一种营养素；维生素C、维生素E能破坏自由基，提高眼部免疫机能，防止视力下降；B族维生素可促进眼内细胞的新陈代谢，对眼疾患者很有帮助。像动物肝脏、蛋类、干豆类、肉类、蘑菇、新鲜蔬菜和水果中都含有大量的维生素，应多吃。

（2）多吃些海鲜类、未精制的谷物类、鱼类食物。这些食物对眼睛很有帮助，因为它们当中多含锌、硒等矿物质，能够缓解眼部疲劳，防止视力下降。

（3）少喝含咖啡因的饮料，烟酒最好不要沾染，以免造成视力模糊，加重眼病。

（4）饮食宜清淡，少食辛辣刺激性食物。

（5）饮食上宜多配些能补肝益肾，补气养血的食谱，对近视眼患者极有疗效。

警惕这些"坏蚊子"。大部分情况下眼睛里出现的"蚊子"，都只是眼球的良性病变，且可能会随着年龄增加数量慢慢增多。如果出现短时间内

"蚊子"开始大量增加、有"黑蚊子"、视物变形、出现莫名其妙的闪光、眼前开始有红影等任何一种异常症状，就必须去看看医生了。

医生会详细检查眼底，看是否出现了眼内炎症、视网膜脱离、眼底出血等问题。如果这些情况真的出现的话，还需要尽快手术治疗，马虎不得。同时，高度近视、白内障术后以及视网膜血管病变的患者发现飞蚊症时要引起重视，这类患者发生"坏蚊子"的几率要大一些，出现"蚊子"最好还是去医院检查一下。

三、飞蚊症的临床表现

飞蚊症是玻璃体混浊的自觉症状，一般是由玻璃体变性引起的。中医认为该症多属肝、胆、肾三经病变。肝肾精血不足，神水乏源；或失血过多，血虚生热；或悲忧郁怒，肝火上炎；或热病伤阴，真阴耗损；或血热妄行，淤血内阻；或湿热蕴移，浊气上泛；或痰湿内困，蒙闭清窍等症，每易患之。大病之后也容易出现有"飞蚊"现象。

有的人到眼科看病，自称常会看到有黑点在眼前晃动，有时从眼帘一闪而过，有时聚而不散。形状也时而变幻。当患者在看蓝色天空、白色墙壁等较为亮丽的背景时，更容易发现它的存在。由于该症的特点是患者眼前出现的黑点会随着眼球的转动而飞来飞去，又总抓不到、打不着，就好像"飞蚊"一般，医学上称之为飞蚊症。飞蚊症是眼病中很特别也是相当普遍的一种。

（一）飞蚊症的症状分类

1. 生理性

生理性飞蚊症被称为"好蚊子"，一般不用治疗。只要适当的休息，避免劳累，做到工作、休息要有规律，长时间用眼每隔1h休息（5~10）min，使用电脑时间不要过长，自我感觉不适时只要暂停使用就会有所好转。此外，多吃一些含碘的海产品和含有维生素 C 的食物，如蔬菜和水果等也会有所帮助。

生理性飞蚊症的主要症状为有一点、两点的黑影，在眼前飞来飞去，有时候看得到，有时候看不到。当人很累很疲倦的时候，会觉得"蚊子"移动得特别明显；而年纪大的人有"飞蚊"现象时，会较中年人的飞蚊现象感觉更强烈和明显。

这类飞蚊症是良性的。专家认为，大约有80%的飞蚊症由玻璃体纤维之水化形成，属生理性飞蚊症。

生理性飞蚊症不会有失明的风险（非视网膜问题），通常若无重大问题，医师会建议不要理它，一直到晚年都不会有问题。

2. 病理性

病理性飞蚊症有三个特点：①有异常闪光。②短时间内"飞蚊"数不断增加。③视线有被遮挡的感觉。

病理性飞蚊症一般由严重疾病引起，是因玻璃体附近的网膜、视神经、睫状体等构造发生病变而导致玻璃体变化。

突然间出现大量的"飞蚊"、大量的闪光、看东西扭曲变形、直线变歪、脸变扭曲等奇怪现象，"蚊子"飞舞的方向又不定、黑影遮住视野、视力变差、视野缺损等，这表明玻璃体可能正在急性退化，或视网膜已有破洞的危险，要赶快看眼科检查视网膜。如经诊断确实，往往须手术治疗。

病理性飞蚊症同时也是疾病的一种表现，多由中高度近视、眼球内部出血、炎症等引起，一般来说，这些原因通过简单检查就能发现，需要针对病因进行治疗才能痊愈。而生理性飞蚊症则找不到病因，不用进行特殊治疗。

临床发现，飞蚊症对白领人士有些"偏爱"。病理性飞蚊症主要是晶状体与玻璃体病变引起的。晶状体混浊称为白内障。晶状体混浊初发时有点片状混浊。眼前出现点片状黑影。因晶状体质密度高，混浊点随着眼球转动同向转动。也就是与眼球运动的方向一致。玻璃体内的混浊引起的黑影飘动则与眼球转动的方向相反。

（二）飞蚊症的注意事项

飞蚊症就是玻璃体混浊，很多人患上了此病没有得到及时的治疗。而且也没有做好平时的护理工作。那么飞蚊症的注意事项有哪些呢？

飞蚊症注意事项有很多，而对于出现玻璃体混浊的患者需要谨慎小心，同时一定要及时治疗，因为有很多眼底疾病是因为玻璃体混浊而引起的。那么，我们来看看玻璃体混浊注意事项是什么？

（1）平时注意休息不要过度用眼睛，避免形成近视。切忌"目不转睛"，自行注意频率并完整的眨眼动作，经常眨眼可减少眼球暴露于空气中的时间，避免泪液蒸发。

（2）不吹时间太久的空调，避免座位上有气流吹过，并在座位附近放置茶水，以增加周边的湿度。

（3）多吃各种水果，特别是柑橘类水果，还应多吃绿色蔬菜、粮食、鱼和鸡蛋。多喝水对减轻眼睛干燥也有帮助。

（4）保持良好的生活习惯，睡眠充足，不熬夜。

（5）避免长时间连续操作电脑，注意中间休息，通常连续操作 1h，休息（5~10）min。休息时可以看远处或做眼保健操。

（6）保持良好的工作姿势。保持一个最适当的姿势，使双眼平视或轻度向下注视荧光屏，这样可使颈部肌肉轻松，并使眼球暴露于空气中的面积减小到最低。

（7）调整荧光屏距离位置。建议距离为（50~70）cm，而荧光屏应略低于眼水平位置（10~20）cm，呈 15°~20°的下视角。因为角度及距离能降低对屈光的需求，减少眼球疲劳的几率。

（8）如果有人本来泪水分泌较少，眼睛容易干涩，在电脑前就不适合使用隐形眼镜，要戴框架眼镜。在电脑前佩戴隐形眼镜的人，也最好使用透氧程度高的类型。

(9) 40 岁以上的人，最好采用双焦点镜片，或者在打字的时候，配戴度数较低的眼镜。

(三) 飞蚊症会不会自行消失

飞蚊症自行消失的病例其实很少，只占总数的 4% 而已。除了出血或炎症引起的玻璃体混浊有可能消失之外，绝大多数引起飞蚊症的玻璃体混浊终生是不会消失的，会消失的例子是因为混浊移离视线；变淡变小是因为混浊向前移动，因此眼科医师经常安慰病患：飞蚊症不要紧、会消失，事实上这与实际状况是有一段差距的。

有飞蚊症，除警惕眼底、玻璃体自身"衰老"外，邻近组织的病变也可以导致玻璃体混浊。例如，葡萄膜、视网膜炎症或视网膜血管病变导致的出血、渗出以及眼外伤等。因而，高度近视眼，动过白内障等内眼手术，以及眼内发炎或有视网膜血管病变的患者，更应提高警惕。

如果感觉"飞蚊"现象短期内明显增多，并伴有眼前闪光感、视力下降、视物变形等，或是飞蚊症突然发生，只有一个眼睛有，且黑影较多、飞舞的方向不定，视力变差，就很可能是病变比较严重了。这些患者最好尽快到医院进行详细检查，万一不幸患了严重的眼底疾病，也能及时得到最有针对性的治疗。

(四) 飞蚊症的治疗

1. 物理治疗

超短波、超声波和中药电离子透入的方法等。也有用丹参、三七等药加直流电局部离子导入的治疗方法。

2. 手术治疗

对于中药、内科疗法不能吸收者，可做玻璃体切割术。玻璃体积血后经保守治疗 3 ~ 6 个月不吸收时，应做玻璃体切割术。但一旦观察到视网膜脱离时应及时手术。儿童为防止弱视，一般宜尽早手术。现代玻璃体手术使一些严重玻璃体积血的治疗变得更加容易、安全和有效。

3. 针疗

取穴:"眼明1号",位于第二、三掌骨之间,平合谷高度。"眼明2号",位于前臂掌侧当曲泽与大陵的连线上,距腕横纹上1.5dm(寸)。

针法:眼明1号直刺(0.5~0.8)dm,眼明2号直刺(1~1.5)dm,针后做较长时间捻转,观察有无循经感传发生,如有则继续行针直至针感入眼。

用本法一般都会立即产生效果,患者觉得眼前黑影变浅、缩小,同时光亮感增加,视力提高。

4. 食疗

金蝉花味甘、性寒、具有补肝明目的作用,适用于飞蚊症、白内障、夜盲症、视力模糊等。

材料:金蝉花1两,淮山2两,杞子1两,羊肝1块,蜜枣5粒。

煲法:清水十二碗煲2h。

5. 酒疗

大蒜红葡萄酒能有效改善飞蚊症病情,可作为一种辅助治疗手段。

6. 茶疗

(1)甘菊花茶。

甘菊花9g,枸杞子15g,山萸肉10g,车前子12g。放热水瓶中,冲入沸水半瓶,盖闷约20min,代茶频频饮用。每日1剂。主治肝肾阴亏,肝火上炎所致的飞蚊症。湿热上泛或痰湿内困者忌用。

(2)枸杞菊花茶。

枸杞菊花茶需用1钱菊花,1钱枸杞子,1钱夏枯花。

7. 按摩

首先必须排除视网膜破洞及剥离,按摩前须经眼科医师详加检查。

方法:仰卧于床,闭双眼,用拇指、食指分别在眼眶上下向内外各旋转 50 次；再换食指、中指成剪刀状按摩双眼角，内外各旋转 50 次；最后用食指、中指并拢闭着双眼按摩眼球，内外旋转各 50 次。按摩时轻重以能忍受为好。

按摩完稍停片刻，到宽敞处极目远望数分钟。每日坚持两次，晚上用毛巾热敷一次。上述办法既不用药又简单易行。在按摩治疗期间忌在强光下看东西，忌看字特别小的书籍和刊物，少看电视。

8. 刮痧法治疗

(1) 敲胆经。刮心经，用砭石刮肾经。刮膀胱经腿的部位加强排毒。

(2) 刮眼眶上、中、下。刮头部胆经从丝竹空开始绕而后医风止。

(3) 刮视网神经线。从头后枕骨头旁开 1dm 出左右各一刮到肺腧止。

(4) 风池穴周围应该有一个硬包，左右各一个，这是淤滞的紧要地方，用砭石加热以后放到双眼热敷。

最后大家要早睡早起养成良好的生活习惯。平时可以吃些山药薏米粥来提高后天的机理；特别是使用电脑的时间要控制，眼睛一旦疲劳应立即闭目养神；拿出砭石随时随地刮，屋内空气清新，可适当看天远眺。

平时的自我保健还有：闭眼转动眼球。时间保持在（3～5）min 左右。然后揉眼睛下。还有按摩完后应该马上睡觉，让眼睛恢复。每天至少拿出一个多小时来治疗。

十五、葡萄膜炎

一、葡萄膜炎的阐述

葡萄膜炎属自身免疫性葡萄膜疾病。致病抗原（如视网膜可溶性抗原、视网膜光感受细胞间结合蛋白等）诱发异常免疫应答，通过特异性细胞毒作用、免疫复合物反应、迟发型超敏反应等导致葡萄膜炎症和损伤。

葡萄膜炎是一种多发于青壮年的眼病，种类繁多，病因相当复杂，治疗不当可导致失明，在致盲眼病中占有重要地位，已引起全世界范围内的重视。由于其发病及复发机制尚不完全清楚，故其预防无从着手，治疗效果也很不理想。因此，寻求合理而有效的治疗药物，已成为眼科领域里一个亟待解决的问题。

二、葡萄膜炎的分类

葡萄膜炎的发病原因和机制相当复杂，涉及有外伤感染、自身免疫等多种因素。按病因主要分为感染性和非感染性两大类。

感染性：由细菌、病毒、真菌、立克次体、寄生虫等病源体感染所致。

非感染性：分为外源性和内源性。

（1）外因性原因：是由外界致病因素所致。①感染性：如细菌、真菌等经外伤或手术创口直接进入眼内，易引起化脓性炎症。②非感染性：如机械性、化学性和热烧伤等均可引起葡萄膜炎，往往伴有眼部其他改变。

（2）继发性原因：是其他疾病继发引起的眼部葡萄膜炎症。①邻近眼组织炎症的蔓延，如严重的角膜炎或巩膜炎可引起虹膜睫状体炎。②眼内毒素或刺激物的反应，如失明萎缩变性的眼球、长期视网膜脱离、眼内反复陈旧性出血以及恶性肿瘤坏死都可引起葡萄膜炎。

（3）内因性原因：①感染性：病原体或其产物通过血行播散，从身体其他部位进入眼内，例如，有明显感染灶的转移或发生于感染源已清楚的疾病过程中。如结核、梅毒、钩端螺旋体病等细菌感染，单纯疱疹、带状疱疹等病毒感染或弓形体病等原虫感染，以及蛔虫、囊虫等寄生虫感染等都可能引起葡萄膜炎。②非感染性：很多内因性葡萄膜炎检查不出病原体，往往有免疫异常表现，如晶体源性葡萄膜炎、交感性眼炎、异色性虹膜睫状体炎（Fuchs 综合征）、中间葡萄膜炎等。或伴有全身病，如风湿病性关节炎的前葡萄膜炎、Vogt—小柳—原田氏病、白塞综合征、系统性红斑性狼疮、结节病等。

三、葡萄膜炎的诊断

（一）前葡萄膜炎

（1）眼痛、畏光、流泪、视力下降。

（2）睫状充血或混合充血。

（3）房水混浊、角膜后有沉着物，甚则前房纤维渗出或前房积脓。

（4）虹膜肿胀，纹理不清，瞳孔后粘连。

（5）伴见全身病变表现。

（二）后葡萄膜炎

（1）视力严重下降：视力减退程度取决于病变部位和玻璃体混浊的程度。如发生在黄斑部，严重影响视力。

（2）闪光感：为炎症引起的视网膜刺激症状。

（3）视力变形：为水肿或渗出导致视网膜、视细胞排列紊乱所致。

（4）眼底检查：可见多处渗出灶，网膜水肿及眼底出血；晚期病人可见眼底色素沉着、晚霞状眼底、瘢痕、增殖性改变以及网膜下新生血管。

（三）全葡萄膜炎

当虹膜、睫状体及脉络膜同时或先后发生炎症时，称为全葡萄膜炎。

四、葡萄膜炎的治疗

（一）西医治疗

葡萄膜炎的治疗，西医主要用激素，但无法根治，易于反复。根据不同的临床表现，需要采取不同的治疗措施。急性期以热邪为主，予以清热解毒，活血化淤。慢性期多见阴虚，肝肾不足，重在滋养肝肾，养阴清热，活血化淤，以防复发。病情十分严重者，中西医结合治疗，全身使用皮质激素，及时有效地控制炎症。再用中药进行调整，巩固疗效，直至彻底治愈。

（二）中医治疗

葡萄膜炎，如发生在前中部即虹膜睫状体炎，类似中医"瞳神紧小"，在后部葡萄膜（即脉络膜炎），则归属"云雾移睛"、"视瞻昏渺"等范畴。中医药治疗该病，贵在辨证论治。

（三）食疗方法

葡萄膜炎的病因复杂，除了诊断病因及对症治疗外，辨证配制一些食疗套餐，有利于疾病的康复。下面介绍一些常用配餐。

（1）银花菊花茶：银花 50g，菊花 50g，绿茶 20g。上药混合共为粗末，用纱布分装成袋，每袋 15g。每次 1 包，代茶饮用。可清凉解热、疏风明目。用于头眼胀痛、目睛红赤者。

（2）蔓荆子粥：蔓荆子 15g，粳米 50g。将蔓荆子捣碎，加水 500mL，浸泡后煎取汁，入粳米煮粥，空腹食用。每日 1 剂。可辛凉解散，用于目赤头痛者。

（3）青葙子茶：青葙子 15g，绿茶 5g。将青葙子和绿茶置于纱布袋中，沸水泡 10min 饮用。每日 1 剂。可祛风热、清肝火、适用于目赤肿痛者。

（4）石膏粥：生石膏 50g，粳米 100g。先将石膏水煎半小时，去渣后放入粳米熬粥。每日 1 剂。可辛凉清热、除烦止渴，适用于眼红痛、口干重的患者。

（5）绿豆藕羹：藕 1 节，绿豆 30g。将藕洗净切成小块，与绿豆同煮至熟烂后食用。每日 1 剂。可清热凉血、去赤止痛，适用于眼热赤痛者。

（6）二仁粥：生薏仁 30g，杏仁 6g（捣碎），粳米 100g。三物共用水煮，至米开粥稠即可食用。每日 1 剂。可清热利湿，宣畅气机，适用于葡萄膜炎反复发作者。

（7）香菇烧冬瓜：冬瓜300g，香菇20g，调料适量。冬瓜去皮瓤、洗净、切片。香菇浸泡透，洗净。两味用油炒后，烧熟。每日1剂。可清湿热、益胃气，适用于脾胃湿热重的葡萄膜炎患者。

（四）注意事项

如果患了葡萄膜炎，一定要在早期进行及时彻底的治疗，要按疗程坚持用中药，争取一次性彻底治愈。急性炎症治疗及时得当，炎症得到控制，可较快恢复视力；若治疗不当，反复发作，缠绵不愈，导致严重视力损害，甚至失明，丧失劳动力，影响生活质量。

因为葡萄膜炎失治或误治，可引起许多并发症，后果非常严重。如带状角膜变性、白内障、黄斑部及视盘水肿，黄斑表面褶纹样改变，角膜水肿、青光眼、视网膜脱离等。因此及时有效的治疗，可以阻止这些并发症的发生。

（五）葡萄膜炎的防治

（1）如发现眼红、疼痛、畏光、流泪、视力下降或无红、痛，但眼前有黑影漂浮，视物模糊或视物变形，闪光感、视力下降者有可能患葡萄膜炎，应到有关专科做详细检查，以明确诊断。

（2）一旦诊断为葡萄膜炎，应积极进行治疗，散瞳是治疗葡萄膜炎的必要措施，可防止瞳孔粘连，避免继发性青光眼和并发性白内障的产生；激素是治疗葡萄膜炎的常用药物，但有副作用。不论全身或局部用药，一定要在医生指导下使用，不宜滥用。

（3）葡萄膜炎患者，应定期复查，预防复发，如自觉有复发症状，应及早诊治。

（4）积极锻炼身体，增强体质，预防感冒，少吃刺激性食物，注意劳逸结合，保持身心健康，对预防葡萄膜炎也有重要意义。

十六、视网膜脱离

一、视网膜脱离的阐述

视网膜脱离是指视网膜神经上皮层与色素上皮层相互分离的病理状态。视网膜脱离患者常出现闪光感、飞蚊症、视野缺损与中心视力下降等症状，应及时诊治。

在胚胎发生与组织学上，视网膜神经上皮与色素上皮之间存在一个潜在间隙，正常状态下，通过一系列生理、生化机制，视网膜神经上皮与色素上皮相互黏附，从而保证视网膜具有正常的生理功能。发生视网膜脱离后，由于感光细胞的营养遭受损伤，如不能及时复位，将使视网膜发生萎缩、变性，视功能遭受严重损害。

二、视网膜脱离的分类

根据视网膜脱离发病机制不同，将其分为孔源性和非孔源性视网膜脱离两大类，后者又再分为牵拉性视网膜脱离和渗出性视网膜脱离。临床上最常见者为孔源性视网膜脱离。

（一）孔源性视网膜脱离

孔源性视网膜脱离是视网膜脱离的最常见类型，由于存在视网膜裂孔（萎缩孔或牵拉撕裂孔），在同时存在玻璃体对视网膜的牵拉因素时，液化玻璃体进入视网膜下，导致视网膜神经视网膜层与色素上皮层的分离。

（二）非孔源性视网膜脱离

1. 渗出性视网膜脱离

渗出性或浆液性视网膜脱离出现在某些疾病的过程中，但不合并裂孔。常见于视网膜血管或视网膜色素上皮损害时。渗出性或浆液性视网膜脱离可继发于炎症性疾病、视网膜血管性疾病、视网膜和脉络膜的肿瘤及出血。

视网膜下液体移动是渗出性视网膜脱离的特点，视网膜下液体的流动方向和重力方向一致。例如，坐位时，下方的视网膜脱离；仰卧位时，视网膜下液流向眼后部。脱离部的视网膜表面光滑是渗出性视网膜脱离的另一特点。病程长时也很少发生视网膜表面的皱缩和固定皱襞。

2. 牵拉性视网膜脱离

由于增殖性视网膜病变或穿通性眼外伤后发生的玻璃体内增殖膜牵拉视网膜神经上皮使之与色素上皮分开。牵拉性视网膜脱离病程缓慢，早期患者可无任何症状，当牵拉达一定程度或一定范围导致视网膜脱离时，患者可出现严重的视力下降或视野缺失。检查可见明确的玻璃体—视网膜牵拉，牵拉可局限也可广泛，呈垂直或切线方向，在牵拉部位视网膜扁平隆起，血管扭曲变形，视网膜活动度差，多数表面光滑，但也可有视网膜皱褶，一般无视网膜裂孔，可有视网膜下增生及视网膜下沉着物或少量玻璃体积血。有些牵拉性视网膜脱离由于严重的玻璃体混浊，术前不能看到眼底，应进行超声检查。在有些病例，牵拉引起视网膜裂孔，此时的眼底表现包括孔源性和牵拉性视网膜脱离两种形态，称为牵拉—孔源性视网膜脱离。治疗包括巩膜扣带手术、玻璃体切割或联合眼内填充术。

三、视网膜脱离的临床表现

（一）发病原因

发生孔源性视网膜脱离的三个要素为：①视网膜裂孔；②玻璃体对视网膜产生牵拉；③有持续液体流通过视网膜孔进入视网膜下。虽然视网膜裂孔是发生孔源性视网膜脱离的重要因素，但仅有约1.4%的视网膜裂孔患者发展为视网膜脱离。其原因为正常情况下，在视网膜神经上皮与色素上皮之间存在着相互贴合力，包括脉络膜与玻璃体的渗透压、视网膜色素上皮的泵机制、视网膜光感受器外段与视网膜色素上皮之间存在有酸性粘多糖（起胶合作用）以及视网膜色素上皮和光感受器之间相互错杂的关系。因此，欲使视网膜发生脱离，必须克服以上视网膜神经上皮与色素上皮之间的相互贴合力。在视网膜裂孔周围存在牵拉时，如果液化玻璃体接触到视网膜裂孔，两者因素共同作用则导致孔源性视网膜脱离的发生。

（二）症状

（1）闪光感：多为视网膜脱离的最早期症状，其本质是玻璃体后脱离时产生的视网膜刺激症状，在视网膜周边 1～2 个象限出现电弧光样症状，患者常能指出明确的闪光方位。

（2）飞蚊症：亦为玻璃体后脱离的症状之一，也可视为视网膜血管破裂后血细胞进入玻璃体所致。发生闪光感和飞蚊症不一定有视网膜脱离，但因其常是视网膜脱离的前驱症状，所以必须加以重视，要详查眼底，必要时用三面镜检查，以免遗漏可能发生的视网膜裂孔或脱离。

（3）视野缺损与中心视力下降：当视网膜脱离发生时，在最先脱离区域所对应的方位发生视野缺损，随视网膜脱离范围增加视野缺损增大。最先发生视野缺损对应的视网膜部位常是视网膜裂孔所在部位，这一点在询问病史时很重要。视网膜脱离累及黄斑时，中心视力严重下降。偶有患者由于视网膜脱离发展缓慢，直至中心视力受累后才来就诊，而此时已经是陈旧性视网膜脱离了。

四、视网膜脱离的治疗

（一）视网膜脱离的手术治疗

孔源性视网膜脱离须行手术治疗，基本原理为：使用冷凝或光凝封闭全部裂孔，解除玻璃体视网膜牵拉，重建视网膜神经上皮和色素上皮之间的生理黏附关系。手术方法主要为巩膜扣带术、玻璃体切割联合玻璃体腔硅油或膨胀气体填充术；对于某些特殊病例，如黄斑裂孔性视网膜脱离，首选玻璃体腔内注气手术。

（二）疾病预后

发生视网膜脱离后如能够及时手术，黄斑脱离在 5 日以内复位，视功能尚能恢复至发病前的水平。视网膜脱离日久，即使手术成功，也将发生视功能的永久损伤。"脱离"时间越短，视力预后越好；脱离的时间越长，病情越复杂，视网膜萎缩和变性已变为不可逆，手术效果则较差。视网膜脱离一年以上，即使手术成功，视功能亦不易恢复。

（三）疾病预防

对视网膜脱离有效的预防性治疗即防止视网膜裂孔形成，防止或抵消视网膜牵拉，防止液体进入视网膜下腔。目前尚没有安全、可靠的方法预防玻璃体后脱离，也不能防止发生视网膜变性。

预防性治疗的适应症包括：①容易发展为视网膜脱离的裂孔。②视网膜赤道部有格子样的变性。当合并以下状态时，发生视网膜脱离危险性增高。①急性玻璃体后脱离；②无晶体眼；③高度近视眼；④对侧眼曾发生过视网膜脱离。

治疗方法包括光凝、冷凝、巩膜扣带手术。对视网膜变性区或裂孔，应首选光凝治疗，可选用氩激光、氪激光、二极管激光或 YAG 倍频激光等。光凝以出现 III 级光斑反应为宜，光斑融合，包围裂孔或变性区。在无光凝设备或远周边部，视网膜病灶不能实现光凝治疗时可采用冷凝治疗，冷凝在间接检眼镜直视下进行，以视网膜出现灰色冷凝斑为宜，应注意防止过度冷凝。对于有明显玻璃体视网膜牵拉的病例，必要时施行巩膜扣带手术缓解牵拉，同时配合光凝或冷凝治疗视网膜变性或裂孔。

附　录

附录一　眼保健操图示

眼保健操

第一节：按揉攒竹穴。

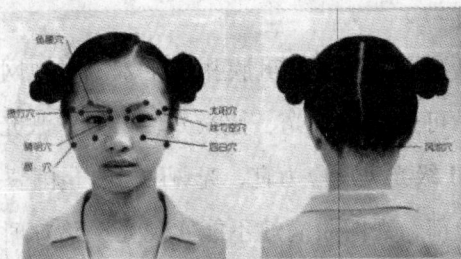

第二节：按压睛明穴。

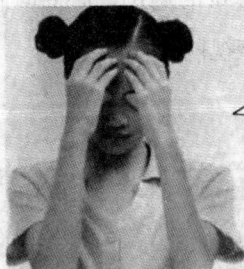

用双手大拇指螺纹面分别按在眉毛内侧边缘凹陷处两侧穴位上，其余手指自然放松，指尖抵在前额上。随音乐口令有节奏地按揉穴位，每拍一圈，做四个八拍。

第三节：按揉四白穴。

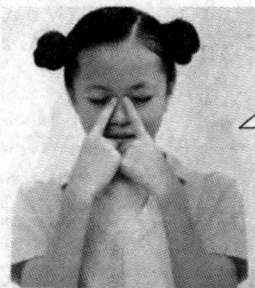

用双手食指螺纹面分别按在两侧穴位上（眼角内侧半个手指处），其余手指自然放松、握起，呈空心拳状。随音乐口令有节奏地上下按压穴位，每拍一次，做四个八拍。

第四节：按揉太阳穴刮上眼眶。

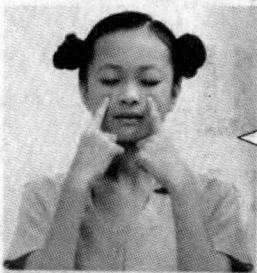

先把左、右食指和中指并拢对齐，分别按压在鼻翼上缘的两侧，然后食指不动，中指和其他手指绕回呈握拳状，大拇指抵在下颌凹陷处，其余手指自然放松、握起，呈空心拳状。随音乐口令有节奏地按揉穴位，每拍一圈，做四个八拍。

附录二　视力表（于5m处测量）

标准对数视力表

五分记录 (L) L=5−lga' (5−lga')		小数记录 (V) v=1/a' 或 Dm=5/a'
4.0 10	E	**0.1** (50米)
4.1 7.943'	ЗШ Е	**0.12** (41.72米)
4.2 6.310'	Е Ш Е	**0.15** (31.55米)
4.3 5.012'	ЗШ ЗЕ	**0.2** (25.00米)
4.4 3.981'	Е М З	**0.25** (19.91米)
4.5 3.162'	М Е Ш Е	**0.3** (15.91米)
4.6 2.512'	Е Ш З М	**0.4** (12.56米)
4.7 1.995'	М Е М Ш Е	**0.5** (10.06米)
4.8 1.585'	З Ш Е З М З	**0.6** (7.53米)
4.9 1.259'	М Е З Ш З М Ш	**0.8** (6.30米)
5.0 1.000'	Ш З Е М Ш З М	**1.0** (5.00米)
5.1 0.794'	Е Ш З М Е З Ш	**1.2** (3.97米)
5.2 0.631'	М З Е Ш З Е	**1.5** (3.15米)
5.3 0.501'	Е З М Ш Е З М Е	**2.0** (2.51米)

附录三　各类食物营养成分表

一、谷类及其制品

食物项目	食部/%	重量/g	蛋白质/g	脂肪/g	碳水化合物/g	热量·/kcal·
稻米（灿、糙）	100	100	8.3	2.5	74.2	353
稻米（上白梗）	100	100	6.7	0.7	77.9	345
糯米（江米）	100	100	6.7	1.4	76.3	345
糯米（紫）	100	100	8.2	1.7	75.7	351
米饭（上白米蒸）	100	100	2.6	0.1	26.1	116
米饭（标准米蒸）	100	100	2.8	0.5	27.2.	124
小麦粉（精白粉）	100	100	7.2	1.3	77.8	352
小麦粉（富强粉）	100	100	9.4	1.4	75	350
小麦粉（标准粉）	100	100	9.9	1.8	74.6	354
面条（切面）	100	100	7.4	1.4	56.4	268
面条（富强粉煮）	100	100	3.1	0.1	26.3	118
面条（标准粉煮）	100	100	3.3	0.1	27.8	125
馒头（富强粉）	100	100	6.1	0.2	48.8	221
馒头（标准粉）	100	100	9.9	1.8	42.5	226
烙饼（富强粉）	100	100	6.2	1.8	50.8	244
烙饼（标准粉）	100	100	6.6	2.3	52.4	257
火烧	100	100	7.2	2.6	54.5	270
油饼、油条	100	100	7.8	10.4	47.7	316
脆麻花	100	100	9.9	19.2	62.8	464
燕麦	100	100	15.6	3.2	66.7	358
燕麦片	100	100	14.0	7.0	68.0	391

食物项目	食部/%	重量/g	蛋白质/g	脂肪/g	碳水化合物/g	热量/kcal
莜麦面	100	100	15.0	8.5	64.8	396
荞麦面	100	100	10.6	2.5	72.2	354
小米	100	100	9.7	3.5	72.8	362
小米粥	100	100	0.9	0.2	6.8	33
玉米（黄、鲜）	100	100	3.8	2.3	40.2	196
玉米（黄）	100	100	8.5	4.3	72.2	362
玉米（白、鲜）	100	100	2.1	1.3	21.7	107
玉米（白）	100	100	8.5	4.3	72.2	362
玉米碴（黄）	100	100	9.2	0.7	76.1	348
玉米碴（白）	100	100	9.5	2.6	75.6	364
玉米面（黄）	100	100	8.4	4.3	70.2	353
玉米面（白）	100	100	8.8	6.1	68.6	365
窝窝头	100	100	7.2	3.2	33.3	191

二、干豆类及其制品

食物项目	食部/%	重量/g	蛋白质/g	脂肪/g	碳水化合物/g	热量/kcal
黄豆	100	100	36.3	18.4	25.3	412
黄豆粉	100	100	40.0	19.2	28.3	446
青豆	100	100	37.3	18.3	29.6	432
红小豆	100	100	21.7	0.8	60.7	337
绿豆	100	100	23.8	0.5	58.8	335
蛾豆（饭豆）	100	100	22.0	2.0	55.5	328
蚕豆（带皮）	100	100	28.2	0.8	48.6	314
蚕豆（去皮、青皮种）	100	100	31.9	1.4	52.0	348
蚕豆（炸、盐）	100	100	28.2	8.9	47.2	382
豌豆	100	100	24.6	1.0	57.0	335

食物项目	食部/%	重量/g	蛋白质/g	脂肪/g	碳水化合物/g	热量/kcal
扁豆（黑）	100	100	23.0	0.4	54.9	315
刀豆（大）	100	100	30.7	1.2	53.1	346
猫豆	100	100	27.3	1.3	57.5	351
楠豆（爬山豆）	100	100	21.9	2.5	52.0	318
豆浆	100	100	5.2	2.5	3.7	58
豆腐脑（带卤）	100	100	5.3	1.9	0.5	40
豆腐（南）	100	100	4.7	1.3	2.8	60
豆腐（北）	100	100	7.4	3.5	2.7	72
油豆腐	100	100	24.6	20.8	7.5	316
豆腐干	100	100	19.2	6.7	6.7	164
豆腐干（熏干）	100	100	18.9	7.4	5.9	166
豆腐丝	100	100	21.6	7.9	6.7	184
千张（百页）	100	100	35.8	15.8	5.3	307
腐竹	100	100	50.5	23.7	15.3	477
豆腐皮（油皮）	100	100	44.8	21.8	12.7	426
粉皮（湿）	100	100	0.02	0.02	19.7	79
粉皮（干）	100	100	0.6	0.2	87.5	354
粉条（干）	100	100	3.1	0.2	96.0	398
凉粉	100	100	0.02	0.01	4.9	20
红腐乳（酱豆腐）	100	100	14.6	5.7	5.8	133

三、薯类及其制品

食物项目	食部/%	重量/g	蛋白质/g	脂肪/g	碳水化合物/g	热量/kcal
甘薯（红）	87	100	1.8	0.2	29.5	127
甘薯（白）	100	100	3.9	0.8	80.3	344
土豆	88	100	2.3	0.1	16.6	77

食物项目	食部/%	重量/g	蛋白质/g	脂肪/g	碳水化合物/g	热量/kcal
山药	95	100	1.5	0.0	14.4	64
芋头（毛芋）	85	100	2.2	0.1	17.5	80
藕	85	100	1.0	0.1	19.8	84
荸荠	73	100	1.5	0.1	21.8	94
土豆粉	100	100	7.2	0.5	76	337
土豆片（油炸）	100	100	4.8	47.7	39.6	607

四、蔬菜类及其制品

食物项目	食部/%	重量/g	蛋白质/g	脂肪/g	碳水化合物/g	热量/kcal
韭菜	93	100	2.1	0.6	3.2	27
蒜苗	83	100	1.2	0.3	9.7	46
菜花	53	100	2.4	0.4	3.0	25
西葫芦	73	100	0.7	0	2.4	12
苦瓜	82	100	0.9	0.2	3.2	18
冬瓜	76	100	0.4	0	2.4	11
丝瓜	93	100	1.5	0.1	4.5	25
黄瓜	86	100	0.8	0.2	2.0	13
茄子（紫）	96	100	2.3	0.1	3.1	23
西红柿（红）	94	100	0.6	0.2	3.3	17
柿子椒（青）	86	100	0.9	0.2	3.8	21
苋菜（红）	46	100	1.8	0.3	3.3	23
空心菜	75	100	2.3	0.3	4.5	30
蒿子秆	58	100	0.8	0	1.9	11
茭白	45	100	1.5	0.1	4.6	25
南瓜	71	100	0.6	0.1	5.7	26
紫菜苔	70	100	1.3	0.2	1.4	13

食物项目	食部/%	重量/g	蛋白质/g	脂肪/g	碳水化合物/g	热量/kcal
菠菜	89	100	2.4	0.5	3.1	27
鸡毛菜（白菜秧）	100	100	2.0	0.4	1.3	17
塌捍菜（太古菜）	81	100	2.7	0.1	3.1	24
黄豆芽	100	100	11.5	2.0	7.1	92
绿豆芽	100	100	3.2	0.1	3.7	29
扁豆	94	100	1.5	0.2	4.7	27
豌豆	34	100	7.2	0.3	12.0	80
蝶豆	95	100	2.4	0.2	4.7	30
胡萝卜（红）	79	100	0.6	0.3	8.3	38
红萝卜（小）	63	100	0.9	0.2	3.8	21
白萝卜	78	100	0.6	0	5.7	25
葱头	79	100	1.8	0	8.0	39
大白菜	68	100	1.1	0.2	2.1	15
小白菜	99	100	1.3	0.3	2.3	17
圆白菜	86	100	1.1	0.2	3.4	20
油菜	96	100	2.6	0.4	2.0	22
莴笋叶	100	100	2.0	0.5	3.3	26
莴笋	49	100	0.6	0.1	1.9	11
芹菜（茎）	74	100	2.2	0.3	1.9	19
芹菜（叶）	20	100	3.2	0.8	3.8	35

五、水果类及其制品

食物项目	食部/%	重量/g	蛋白质/g	脂肪/g	碳水化合物/g	热量/kcal
葡萄（玫瑰香）	87	100	0.4	0.6	8.2	56
柑橘（招柑）	73	100	0.9	0.1	12.8	56
红橘（四川）	77	100	0.7	0.1	9.1	40

食物项目	食部/%	重量/g	蛋白质/g	脂肪/g	碳水化合物/g	热量/kcal
甜橙	73	100	0.6	0.1	12.2	52
苹果	81	100	0.4	0.5	13.0	58
鸭梨	93	100	0.1	0.1	9.0	37
桃（久保）	73	100	0.8	0.1	10.7	47
草莓	98	100	1.0	0.6	5.7	32
鲜枣	91	100	1.2	0.2	23.2	99
红果	81	100	0.5	1.3	20.9	97
香蕉	56	100	1.2	0.6	19.5	88
西瓜（京欣1号）	60	100	0.5	0	8.1	34
哈密瓜	70	100	0.5	0.1	7.7	34
柿	70	100	0.7	0.1	10.8	47
杏	90	100	1.2	0	11.1	49
猕猴桃	90	100	1.0	0	13.	46

六、硬果类、菌藻类

食物项目	食部/%	重量/g	蛋白质/g	脂肪/g	碳水化合物/g	热量/kcal
花生（鲜）	53	100	24.6	48.7	15.3	598
花生仁（生）	99	100	26.2	39.2	22.1	546
花生仁（炒）	96	100	26.5	44.8	20.2	590
西瓜仔（炒）	40	100	31.8	39.1	19.1	556
葵花子（炒）	60	100	23.1	51.1	9.6	591
核桃（带衣）	43	100	15.4	63.0	10.7	671
栗子（生）	79	100	4.0	1.1	39.9	186
莲子	45	100	4.9	0.6	9.2	62
香榧	60	100	10.0	44.1	29.8	556
栗子（熟）	78	100	4.8	1.5	44.8	212

食物项目	食部/%	重量/g	蛋白质/g	脂肪/g	碳水化合物/g	热量/kcal
菱角	45	100	3.6	0.5	24.0	115
杏仁（炒）	91	100	25.7	51.0	9.6	600
黑芝麻	100	100	21.9	61.7	4.3	660
黑木耳	100	100	10.6	0.2	65.6	306
白木耳	100	100	5.0	0.6	78.3	339
蘑菇（鲜）	97	100	2.9	0.2	2.4	23
香菇	72	100	13.0	1.8	54.0	284
海带	100	100	8.2	0.1	56.2	258
紫菜	100	100	28.2	0.2	48.5	309

七、乳类及乳制品

食物项目	食部/%	重量/g	蛋白质/g	脂肪/g	碳水化合物/g	热量/kcal
牛乳	100	100	3.3	4.0	5.0	69
牛乳粉（全）	100	100	26.2	30.0	35.5	522
牛乳粉（脱脂）	100	100	36.0	6	52.0	361
羊乳	100	100	3.8	1.0	4.3	69
奶油	100	100	2.9	4.1	3.5	206
黄油	100	100	0.5	20.0	0	745
牛乳（炼乳）	100	100	8.2	0	52.7	326
人乳	100	100	1.5	82.0	6.9	67
代乳粉（鹿头）	100	100	17.1	5	62.9	412
糕干粉	100	100	5.6	9.2	79.0	368
调制奶粉	100	100	22.5	3.7	52.7	463

八、蛋和蛋制品及骨粉

食物项目	食部/%	重量/g	蛋白质/g	脂肪/g	碳水化合物/g	热量/kcal
鸡蛋	85	100	14.7	11.6	1.6	170
鸡蛋白	100	100	10	0.1	1.3	46
鸡蛋黄	100	100	13.6	30.0	1.3	330
鸭蛋	87	100	8.7	9.8	10.3	164
鸭蛋（咸）	87	100	11.3	13.3	3.4	179
松花蛋	88	100	13.1	10.7	2.2	158
鹌鹑蛋	89	100	12.3	12.3	1.5	166
鹅蛋	90	100	12.3	14.0	3.7	190
鸽蛋	90	100	9.5	6.4	1.7	102
骨粉（脱脂）	100	100	…	…	…	…
骨粉	100	100	…	…	…	…

九、鱼类

食物项目	食部/%	重量/g	蛋白质/g	脂肪/g	碳水化合物/g	热量/kcal
大黄鱼	57	100	17.6	0.8	…	78
小黄鱼	63	100	16.7	3.6	…	99
带鱼	72	100	18.1	7.4	…	139
草鱼	63	100	17.9	4.3	0	110
鲤鱼	62	100	17.3	5.1	0	115
鲫鱼	40	100	13.0	1.1	0.1	62
黑鲢（胖头鱼）	46	100	15.3	0.9	0	69
黄鳝	55	100	18.8	0.9	0	83
鱼松（带鱼刺，带骨）	100	100	59.9	16.4	0	387
鱼粉	100	100	55.6	11.0	0	321
白鲢	60	100	18.6	4.8	0	118

十、畜肉类及其制品

食物项目	食部/%	重量/g	蛋白质/g	脂肪/g	碳水化合物/g	热量/kcal
猪肉（肥瘦）	100	100	9.5	59.8	0.9	580
猪肉（肥）	100	100	2.2	90.8	0.9	830
猪肉（瘦）	100	100	16.7	28.8	1.0	330
大排骨	81	100	16.4	32	0	350
火腿（熟）	95	100	16.5	38.8	0.2	416
猪蹄	26	100	15.8	26.3	1.7	307
猪肝	100	100	21.3	2.5	1.4	131
猪肾	89	100	15.5	4.8	0.7	108
猪肚	92	100	14.6	2.9	1.4	90
牛肉（肥瘦）	100	100	20.1	10.2	0	172
牛肉（肥）	100	100	15.1	34.5	6.4	397
牛肉（瘦）	100	100	20.3	6.2	1.7	144
羊肉（肥瘦）	100	100	11.1	28.8	0.8	307
羊肉（瘦）	100	100	17.3	13.6	0.5	194
羊肉（肥）	100	100	9.3	55.7	0.8	542
羊肝	100	100	18.5	7.2	3.9	154
驴肉	100	100	18.6	0.7	…	81
兔肉	100	100	21.2	0.4	0.2	89

十一、畜肉类

食物项目	食部/%	重量/g	蛋白质/g	脂肪/g	碳水化合物/g	热量/kcal
鸡	34	100	21.5	2.5	0.7	111
鸡肫	67	100	22.2	1.3	0	101
鸡肝	100	100	18.2	3.4	1.9	111
鸡心	100	100	20.7	5.5	0.2	133

食物项目	食部/%	重量/g	蛋白质/g	脂肪/g	碳水化合物/g	热量/kcal
鸭	24	100	16.5	7.5	0.5	136
鸭肫	89	100	20.2	1.8	1.0	101
鸭肝	100	100	17.1	4.7	6.9	138
鸭掌	52	100	13.7	9.8	0	143
鹅	66	100	10.8	11.2	0	144
酱鸭	70	100	9.7	45.0	1.8	451
板鸭	70	100	9.7	45.0	1.8	451
田鸡（青蛙）	34	100	11.9	0.3	0.2	51

十二、软体动物、虾、解类及其他

食物项目	食部/%	重量/g	蛋白质/g	脂肪/g	碳水化合物/g	热量/kcal
田螺	21	10.7	1.2	3.8	69	191
蚶	88.9	8.1	0.4	2.0	44	…
牡蛎	100	11.3	2.3	4.3	83	178
淡菜（贻贝的干制品）	100	59.1	7.6	13.4	358	864
干贝	100	63.7	3.0	15.0	342	886
蛤蜊	20	10.8	1.6	4.6	76	82
鱿鱼	98	15.1	0.8	2.4	77	…
鱿鱼（干）	100	66.7	7.4	3.0	345	1038
黑鱼	73	13.0	0.7	1.4	64	150
海蜇	100	12.3	0.1	3.9	66	微量
海参（干）	81	76.5	1.1	13.2	369	…
海参（水浸）	100	14.9	0.9	0.4	69	12
对虾	70	20.6	0.7	0.2	90	150
青虾	40	16.4	1.3	0.1	78	205
虾米	100	47.6	0.5	0	195	695

食物项目	食部/%	重量/g	蛋白质/g	脂肪/g	碳水化合物/g	热量/kcal
虾皮	100	39.3	3.0	8.6	219	1005
海螃蟹	50	14.0	2.6	0.7	82	191
甲鱼	55	17.3	4.0	0	105	94

附录四　维生素功能表

内容	别名	理化性质	生理功能	缺乏症状	供给量	食物来源
维生素A	视黄醇抗干眼病维生素	溶于脂肪及大多数有机溶剂中。性质稳定一般烹调不会破坏Va,对碱稳定	①对视觉的作用;②上皮组织细胞的生长与分化;③骨骼和牙齿的发育;④生长与生殖	①眼病(夜盲症、干眼病);②上皮组织角化疾病;③肿瘤(肺癌、子宫癌食道癌);④过多症	FAO/WHO。成人750mg视黄醇当量	在动物性原料中以酯的形式存在于肝脏、牛油、牛奶及禽蛋中,在植物原料中以胡萝卜素存在,绿色蔬菜、黄色蔬菜及水果含量丰富的菠菜豌豆苗、胡萝卜青椒韭菜等植物中
维生素D	Vd2(麦角钙化醇)Vd3(胆钙化醇)	溶于脂肪与脂溶剂化学性质比较稳定。在中性及碱性高温氧化132℃加热90min生理活性保存。脂肪的酸败可引起Vd的破坏	促进钙的吸收,防止化学致癌作用	①佝偻病;②骨软化症;③过多症(恶心、食欲下降、多尿、皮肤瘙痒、肾衰竭、心血管系统异常)	成人每日获得300~400 IU	海水鱼的肝脏中含量最为丰富,禽畜肝脏、胆黄及奶油中含量相对较多

内容	别名	理化性质	生理功能	缺乏症状	供给量	食物来源
维生素E	生育酚	溶于乙醇与脂溶剂,对热及醇稳定,暴露在氧、紫外线环境中可被氧化破坏、在酸败的脂肪中Ve容易被破坏	①抗氧化作用;②保持红细胞的完整性并促进其生物合成;③调节体内某些物质合成;④其他作用对线粒体的含铁蛋白非血红蛋白的铁蛋白的氧化有抑制作用	①一种自由基清出剂对肌体老产生重要影响;②抗肿瘤作用;③防治心血管疾病	RDA。青少年成人每日10mg孕妇老年应适当增加	存大于油料种子、某些谷物及各种坚果食物(核桃、葵花子、松子)中,奶油、鱼肝油、肉类及蛋类食物中含量不高
维生素B₁	硫胺素	以盐酸盐形式存在溶于水,微溶于乙醇,气味似酵母,在酸性溶液中稳定,对温度和氧稳定,加热到熔点249℃分解	①在体内以TPP形式构成重要辅酶参与肌体代谢;②促进胃肠蠕动,增强消化功能	①干性脚气病:以多发性神经炎症为主;②湿性脚气病:以心脏水肿为主;③婴儿脚气病:消化泌尿循环和神经系统	RDA 0.5mg/4185kg孕妇乳母老人适当增加	动物性原料高于植物性原料,动物内脏(肝、肾、心)瘦猪肉,未加工精细的粮食,豆类、酵母干果及硬果

内容	别名	理化性质	生理功能	缺乏症状	供给量	食物来源
维生素 B_2	核黄素	在中性、酸性溶液中稳定，碱性和紫外线照射下可引起不可逆分解，多与磷酸、如蛋白质呈结合型的复合形式，存在于加工蒸煮中，损失少	①核黄素是肌体许多重要辅酶的组成成分；②在氨基酸脂肪酸碳水化合物的代谢过程中逐步释放能量供给细胞利用起着重要作用	①眼睛模糊、怕光、流泪、视力下降白内障；②皮肤（脂溢性皮炎）③口腔炎舌炎咽唇炎；④其他（干扰铁的吸收、缺铁性贫血、胎儿骨畸形	RDA 成人05mg/4185kJ 孕妇及母乳适增	动物性原料高于植物动物内脏（肝心肾）蛋类制品奶及其牛含量丰富，鱼类以鳝鱼最高，植物中以豆类和绿叶类蔬菜含量最高
烟酸	尼克酸抗赖皮病因子	溶于水及乙醇不易被空气中氧热破坏，对光高压所酸很稳定，一般烹调加工损失极小，性质最为稳定的一种	①在体内以辅酶I、II作为重要递氢辅酶成分；②参与G的酵解脂肪和胆固醇代谢成丙戊糖生物合成及组织呼吸；③在泛酸生物素与脂肪蛋白质DNA合成	赖皮病典型症状为皮炎（皮肤）、腹泻（消化系统）、痴呆（神经系统）"三症"	RDA0.5mg/4185kJ 当量＝尼克酸（mg）+ 1/60 氨基酸（mg）	动物中以尼克酰胺为主，含量高的有肝脏、肾脏、瘦肉、畜坚果、鱼肉豆类、谷类牛奶及蛋类中含量丰富，色氨酸和补充尼克酸含量最高

内容	别名	理化性质	生理功能	缺乏症状	供给量	食物来源
维生素 B₆	三种结构类似物质吡哆醛/醇/胺	对热及空气稳定,对酸相当稳定,在碱性溶液中易被破坏,在中性溶液中易被紫外线破坏,吡哆醛、胺较不耐高温	①参与氨基酸代谢;②参与糖原与脂肪酸代谢;③涉及脑和组织中能量转化、核酸代谢辅酶A的生物合成等影响脑中5羟色胺的合成	Vb6缺乏同时伴有其他维生素长期缺乏,引起低色素性贫血	每射入1g蛋白质Vb6的摄入量为0.02mg妊娠哺乳服避孕药增加	植物中吡哆醇与蛋白质结合不易吸收,其余存在于动物组织中,易吸收,含量高的为水果蔬菜,较少的是柠檬类水果
维生素 B₁₂	钴胺素	在水中溶解度较大,不溶于有机溶剂在强酸强碱中易被破坏,在中性溶液中对热及空气稳定,易被紫外线破坏	①Vb6辅酶参加异构化反应;②在转移甲基化作用;③对神经功能有特殊重要功能;④对红细胞的成熟起着重要作用(与DNA合成有关)	恶性贫血	FAO/WHO。常人2mg,孕妇3mg,母乳4mg	主要来源于肝脏,也来源于奶类、肉类及其制品、海产品、蛋类、蛤及来源于植物性食物中,不含Vb12在一定条件下肠道微生物可以合成一部分
维生素 C	抗坏血酸	在水中溶解度极大,微溶于乙醇,不溶于脂肪及脂溶剂,在酸性溶液中相当稳定,对氧敏感,极易被氧化,存在某些重金属离子,氧化加速破坏	①促进生物氧化还原过程维持细胞膜完整性;②激活羟化酶完整性;③促进类固醇的代谢;④改善对铁钙和叶酸的利用;⑤增加肌体对外界环境的应激能力;⑥还不影响神经递质合成及一些AA的代谢	坏血病血管脆性增加	RDA。婴幼为30mg,儿童为(40~50)mg,青少年成人、60mg,孕妇80mg,母乳100mg	主要是植物性食物特别新鲜的蔬菜和水果,例如,青菜、韭菜、菠菜等深色蔬菜和花菜以及新枣柑橘、山楂、柠檬等水果

附录五　国家标准配装眼镜 GB 13511—1999

本标准是对 GB 13511—1992《配装眼镜》的修订。

本标准规定的处方定制矫治眼镜的技术指标不再分等分级，采用单一合格的技术指标。装成眼镜中其光学中心水平方向内移量指标，改为国际上采用的标明其水平方向光学中心距离，并规定相应允差。

本标准从实施之日起，同时代替 GB 13500—1992《配装眼镜》。

本标准由国家轻工业局提出。

本标准由全国眼镜标准化中心归口。

本标准负责起草单位：中国轻工总会玻璃搪瓷研究所参加起草单位：中国计量科学研究院、上海依视路光学有限公司和上海三联（集团）有限公司。

本标准主要起草人：何秀仁、王莉茹、孟建国、钟荣世、唐玲玲、陈雄。

本标准委托全国眼镜标准化中心负责解释。

1　范围

本标准规定了配装眼镜的产品分类、要求、试验方法、检验规则和标志、包装、运输、储存。

本标准适用于根据验光处方定配的眼镜和批量生产装成的老视眼镜。本标准不适用于渐变焦点和其他特殊用途的眼镜。

2　引用标准

下列标准所包含的条文，通过在本标准中引用而构成为本标准的条文。本标准出版时，所示版本均为有效。所有标准都会被修订，使用本标准的各方应探讨使用下列标准最新版本的可能性。

GB/T 2828—1987 逐批检查计数抽样程序及抽样表（适用于连续批的

检查)。

GB 10810—1996 眼镜镜片。

GB/T 14214—1993 眼镜架。

3 定义

本标准采用下列定义。

3.1 顶焦度：以米为单位测得的镜片近轴顶焦距的倒数。一个镜片含有两个顶焦度，在配装眼镜中特指后顶焦度，即以米为单位测得的镜片近轴后顶焦距的倒数。顶焦度的表示单位为 m 的倒数，单位名称为屈光度，以符号"D"表示。

3.2 瞳距：眼睛正视视轴和平行时两瞳孔中心的距离。

3.3 柱镜柚：球柱镜片上仅含镜屈光力的主子午线。

3.4 光学中心水平距离：两镜片光学中心在与镜圈几何中心在垂直方向上的距离。

3.5 光学中心水平偏差：光学中心水平距离与瞳距的差值。

3.6 光学中心高度：光学中心与镜圈几何中心在垂直方向上的距离。

3.7 光学中心垂直互差：两镜片光学中心在垂直方向上的差值。

3.8 光学中心水平互差：镜片光学中心在水平方向与眼瞳的单侧偏差。

3.9 棱镜度：光线通过镜片上某一点所产生的偏离。棱镜度的表示单位为 cm 或 m，单位名称为棱镜屈光度，以符号"Δ"表示。

光学中心垂直互差或水平偏差的换算公式如式（1）所示：

$$P = F \times C \cdots\cdots (1)$$

式中，P 为棱镜度(单位为 Δ)；F 为顶焦度(单位为 D)；C 为偏差或互差(单位为 cm)。

3.10 隙缝：镜片与镜圈之间的空隙。

3.11 锁接管间隙：金属镜圈装上镜片后上下锁接管锁紧时尚存的空隙。

3.12　焦损：非金属镜圈装入镜片时因加热所造成的表面损伤。

3.13　翻边：非金属镜圈装入镜片时因加热引起镜圈变形造成镜片边缘外露。

3.14　扭曲：镜架因装入镜片不当所产生的变形或镜腿起落不平整。

3.15　镜腿外张角：镜腿张开至自然极限时的位置与两铰链轴线连接之间的夹角。

3.16　主镜片：附加有一个或几个子镜片从而成为双光镜片或多光镜片的镜片。

3.17　子镜片：利用胶合或溶合的方法添加在主镜片上的附加镜片，或在主镜片上根据配镜要求具有不同屈光力的附加曲面。

3.18　子镜片顶点：子镜片上边界曲线之水平切线的切点，若上边界为直线，则取该直线之中点为顶点。

3.19　双光镜片：具有两上不同视距的屈光矫正镜片。

3.20　近瞳距：视近时瞳孔中心的距离。

3.21　棱镜镜片主截面：在与两折射面的交线或两折射面延伸后的交线相垂直的平面内的一个截面。

3.22　基底取向：主截面内从顶点到基底投影射线的取向。

4　分类

4.1　按加工性质分为：验光处方定配眼镜；批量生产老视眼镜。批量生产装成眼镜的顶焦度范围为 0.00 D ~ +4.00 D。

4.2　按质量分为合格品与不合格品。

5　要求

5.1　眼镜架的机械强度、金属零部件镀（涂）层、外观质量和装配精度必须符合 GB/T 14214 规定的要求。

5.2　眼镜镜片的理化性能、顶焦度偏差、光学中心和棱镜度偏差、厚度偏差、色泽、内在疵病和表面质量必须符合 GB 10810 规定的要求。

5.3　配装眼镜光学中心水平偏差。

5.3.1 验光处方定配眼镜的光学中心水平偏差必须符合下表的规定。

水平方向上顶焦度绝对值	0.25 ~ 1.00	1.25 ~ 2.00	2.25 ~ 4.00	4.25 ~ 6.00	≥6.00
光学中心水平允差/mm	9.0	6.0	4.0	3.0	2.0

5.3.2 验光处方定配眼镜的光学中心水平互差均不得大于上表中光学中心水平允差的二分之一。

5.3.3 批量生产老视眼镜需标明光学中心水平距离,光学中心水平距离的标称值与实测数值偏差应小于 ±1.0mm。

5.3.4 验光处方定配双光眼镜主镜片的光学中心水平偏差亦必须符合下表的规定。子镜片几何中心水平距离与近瞳距的差值不得大于 2.5mm。若配镜者对子镜片顶点高度有特殊要求的,不受上述要求限制。

水平方向上顶焦度绝对值	0.25 ~ 1.00	1.25 ~ 2.00	2.25 ~ 4.00	4.25 ~ 6.00	≥6.00
光学中心水平允差/mm	9.0	6.0	4.0	3.0	2.0

5.4 光学中心高度

5.4.1 配装眼镜的光学中心垂直互差必须符合下表的规定。

垂直方向上顶焦度绝对值	0.25 ~ 1.00	1.25 ~ 2.00	2.25 ~ 8.00	大于 8.25
光学中心垂直允差/mm	≤3.0	≤2.0	≤1.0	≤0.5

5.4.2 双光眼镜的子镜片顶点在垂直方向上应位于主镜片几何中心下方 (2.5 ~ 5) mm 处。两子镜片顶点在垂直方向上的互差不得大于 1mm。

5.5 配装眼镜的柱镜轴位偏差必须符合下表的规定。

柱镜顶焦度绝对值	≤0.50	> (0.50 ~ 1.50)	> (1.50 ~ 2.50)	≥2.75
轴位偏差/°	±6	±4	±3	±2

5.6 验光处方定配棱镜眼镜其棱镜屈光力偏差与基底取向偏差应符合下表的规定。

棱镜度/△	棱镜度偏差/△	基底取向偏差/°
≤2.00	±0.25	±6
>(2.00~10.00)	±0.37	±4
>10.00	±0.50	±2

5.7　批量生产老视眼镜的两镜片顶焦度互差不得大于0.12D。

5.8　配装眼镜两镜片材料的色泽应基本一致。

5.9　配装眼镜的装配质量

5.9.1　正顶焦度镜片配装割边后的边缘厚度应不小于1.2mm。

5.9.2　配装眼镜镜片与镜圈的几何形状应基本相似且左右对齐，装配后不松动，无明显隙缝。双光眼镜两子镜片的几何形状应左右对称，直径互差不得大于0.5mm。

5.9.3　金属框架锁接管的间隙不得大于0.5mm。

5.9.4　配装眼镜的外观应无崩边、焦损、翻边、扭曲、钳痕、镀（涂）层剥落及明显擦痕。

5.9.5　配装眼镜不允许螺纹滑牙及零件缺损。

5.9.6　配装眼镜无割边引起的严重不均匀的应力存在。

5.10　配装眼镜的整形要求。

5.10.1　配装眼镜左、右两镜片应保持相对平整。

5.10.2　配装眼镜左、右两托叶应对称。

5.10.3　配装眼镜左、右两镜腿外张角为80°~95°，并左右对称。

5.10.4　两镜腿张开平放或倒伏均保持平整，镜架不可扭曲。

5.10.5　左右身腿倾斜度互差不大于2.5°。

6　试验方法

6.1　配装眼镜镜架的机械强度、金属零部件镀（涂）层、外观质量和装配精度的试验方法均参照 GB/T 14214 规定。

6.2　配装眼镜镜片的理化性能、顶焦度偏差、光学中心和棱镜度偏差、厚度偏差、色泽、内在疵病和表面质量的试验方法均参照 GB 10810 规定。

6.3 配装眼镜的光学中心位置、轴位、棱镜度、基底取向及顶焦度互差用计量检定合格的焦度计测量。

6.4 配装眼镜的光学中心水平偏差、光学中心垂直互差、光学中心高度、顶点位置及子镜片顶点垂直互差经焦度计标出光学的中心后，用直尺和游标卡尺测量。双光镜片子镜片几何中心水平距离与近瞳距的差值，经标出子镜片几何中心后，用直尺和游标卡尺测量。

6.4.1 左、右两镜片顶焦度相异时，按镜片顶焦度绝对值的一侧进行考核。

6.4.2 含柱镜顶焦度的镜片，应将其在90°和180°轴位方向上的柱镜顶焦度分量叠加至球镜顶焦度值后进行考核。换算公式分别如式（2）和式（3）所示：

$$Fh = Fc \times sin2\theta \quad \cdots\cdots\cdots\cdots\cdots\cdots\cdots\cdots\cdots\cdots (2)$$

$$Fv = Fc \times cos2\theta \quad \cdots\cdots\cdots\cdots\cdots\cdots\cdots\cdots\cdots\cdots (3)$$

式中，Fh 为水平方向的柱镜顶焦度分量（单位为 D）；Fv 为垂直方向的柱镜顶焦度分量（单位为 D）；Fc 为柱镜顶焦度（单位为 D）；θ 为柱镜轴与镜圈几何中心连线方向的夹角（单位为 °）。

6.5 配装眼镜的镜片基准变度用镜片测度表测量。

6.6 配装眼镜镜片的色泽一致性通过目视检查。

6.7 配装眼镜的装配质量。

6.7.1 镜片割边后的边缘厚度用厚度卡尺测量。

6.7.2 镜片割边后的边缘倒角用角度尺测量，边缘表面粗糙度等级可用表面粗糙度样板比较，也可用粗糙度测量仪器测定。

6.7.3 镜片与镜圈的隙缝通过目视检查，金属框架眼镜锁接管的间隙用塞尺或游标尺测量。

6.7.4 配装眼镜的外观及零件缺损目视检查。

6.8 配装眼镜的整形要求。

6.8.1　配装眼镜的两镜面平整、活动托叶对称、两镜腿平整和对称及镜架扭曲等均目视检查。

6.8.2　配装眼镜的镜腿外张角用量角器测量。

6.8.3　配装眼镜的应力用应力仪观察。

7　检验规则

7.1　验光处方定配眼镜验收时，须逐项进行检验，若有一项不合格，则该副眼镜为不合格。

7.2　批量生产老视眼镜对每一项技术要求进行逐项检验，若有一项不合格，则该副眼镜不合格。批量验收采用 GB/T 2828 中一般检查水平 Ⅱ，一次正常抽样，合格质量水平（AQL）的规定见下表。

柱镜顶焦度绝对值	≤0.50	>（0.50～1.50）	>（1.50～2.50）	≥2.75
轴位偏差/°	±6	±4	±3	±2

7.3　对特殊要求的产品，可按供需双方要求另订协定。

8　标志、包装、运输、储存

8.1　标志

8.1.1　验光处方定配眼镜应在包装上标明处方规格及生产单位或附上定配单。

8.1.2　批量生产装成眼镜每副包装上均应标明规格尺寸、顶焦度、光学中心水平距离和质量等级、生产单位的名称和地址、检验标记和出厂日期。

8.2　包装。

8.2.1　每副眼镜均应袋装。

8.2.2　批量生产装成眼镜按要货数量分盒装或箱装。

8.2.3　外包装箱上除标明纸盒上的全部内容外，尚须标记"玻璃制品防震""防潮""轻放"等字样或标记。

8.3　运输时必须轻放轻卸，严禁碰撞、雨淋。

8.4　储存时应注意通风干燥，防止受潮。